황우현, 전다윗, 전다희 지음

챗GPT

ChatGPT

수업에서
바로 써먹는 컴퓨터 및 AI 활용

光文閣
www.kwangmoonkag.co.kr

⚑ 머리말

이 책의 페이지를 넘기면서 당신의 열정과 미래에 대한 꿈은 이제 인공지능의 길을 따라 펼쳐질 것입니다. 이 교재는 당신이 전공을 깊이 있게 탐구하고, 취업 및 진로에 필요한 기술과 지식을 효과적으로 습득하여 진로와 취업에 도움이 될 수 있도록 준비되었습니다.

이 책은 다음과 같은 주요 내용을 포함하고 있습니다.
1. ChatGPT 소개와 사용 방법: 당신은 인공지능의 기초를 배우고, 대화형 AI 와의 상호작용을 통해 기술의 기본을 이해할 수 있다.
2. Microsoft Copilot와 구글 Gemnini 사용 방법: 당신은 최신 AI 도구를 활용하여 학습과 과제 수행을 더욱 효율적으로 할 수 있다.
3. ChatGPT를 수업에서 활용하기: 실제 수업에서 AI를 활용한 문제 해결과 과제 수행을 통해 이론과 실습의 균형을 맞출 수 있다.

대학 입학부터 졸업까지, 이 교재를 통해 당신은 전공 학습과 진로 준비를 체계적으로 할 수 있을 것입니다.
- 기초 이해: ChatGPT와 같은 AI를 통해 복잡한 개념을 단순화하고 기초부터 이해
- 실용적 활용: Copilot과 같은 도구를 사용하여 프로그래밍, 문서 작성, 데이터 분석 등의 실용적 기술을 습득

- 심화 학습: 고급 주제에 대한 이해를 심화하고, 취업이나 진학을 위한 전문 지식을 구축
- 실무 연습: 수업에서 배운 지식을 실무 프로젝트에 적용하여 실력을 키우고 포트폴리오를 구성하며 면접을 준비하여 진학 또는 취업에 성공

이 교재는 단순한 텍스트가 아닌, 당신의 학습 동반자이자, 새로운 기술을 습득하고 적용하는 데 있어서의 가이드가 될 것입니다. 대학 생활을 통해 당신이 스스로 발전하고, 꿈에 한 걸음 더 다가갈 수 있도록 이 책이 도움이 되었으면 합니다.

본 교재를 활용할 때 몇 가지 주의할 사항은 다음과 같고, 추가적인 질문이나 정보나 자료의 공유 및 질의 응답은 네이버카페를 이용하세요.
- 네이버카페: https://cafe.naver.com/iscada

당신의 대학 생활이 이러한 마인드맵을 통해 지식의 바다를 항해하는 여정이 되고, 이 교재를 통해 학문적 기초를 다지며, 실용적 기술을 습득하고, 취업 및 진로 준비에 성공적으로 나아가기를 기원합니다.

2024년 2월 26일 저자일동

목차 CONTENTS

1

ChatGPT
수업에서 바로 써먹는
컴퓨터 및 AI 활용

ChatGPT
소개와 사용 방법

1.1 구글 계정 소개 및 사용 방법

(1) 구글 계정이란?

수업 및 업무에 필요한 Office 프로그램, 메일, 일정, 문서관리, 협업 등을 원스톱으로 제공

(2) 구글 계정 주요 서비스

- 구글 검색, Gmail, 지도, 드라이브, 뉴스, 캘린더, 사진, 번역, 채팅, Docs(워드), Sheets(엑셀), Forms(설문), Slides(ppt) 등을 사용 가능
- **Gmail:** 30GB의 메일 사서함 제공. 스마트폰, 태블릿에서 메일, 일정, 주소록 관리 가능
- **구글 드라이브:** 파일 저장 및 공유, 학교 수업이나 팀 문서를 안전하게 저장할 수 있는 개인용 스토리지
- 채팅, 오피스 등 공유하는 화상회의 및 교육에 활용

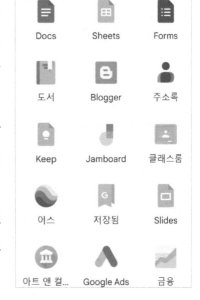

1) 구글 계정 및 이메일(Gmail) 만들기

- **웹 브라우저 방문:** 구글 홈페이지(https://google.com)에 접속
- **'Gmail' 선택:** 페이지 우측 상단의 'Gmail' 링크를 클릭
- **계정 생성:** '계정 만들기' 버튼을 클릭하고, 개인정보(이름, 성, 사용할 이메일 주소, 비밀번호 등)를 입력

- **개인 정보 보호 및 이용 약관 동의:** Google의 서비스 약관 및 개인정보 보호 정책 동의
- **계정 설정 완료:** 추가 정보 입력 및 인증 절차를 거쳐 계정을 활성화

2) Gmail의 주요 특징

- **용량:** Gmail은 15GB의 무료 저장 공간을 제공. 이 저장 공간은 Gmail, Google 드라이브, 그리고 구글 포토를 포함한 구글의 다른 서비스들과 공유

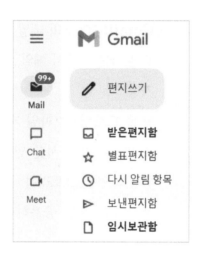

- **검색 기능:** Google 검색 엔진을 기반으로 강력한 이메일 검색 기능을 제공
- **스팸 필터링:** Gmail은 스팸 메일을 자동으로 필터링하는 기능을 갖추고 있어, 원치 않는 메일로부터 사용자를 보호
- **보안:** 2단계 인증, SSL 암호화 등 다양한 보안 기능을 제공
- **통합성:** Google 캘린더, Google 드라이브, Google Meet 등 다른 Google 서비스와의 높은 통합성을 제공
- **모바일 앱 지원:** iOS 및 Android 운영체제에서 사용할 수 있는 Gmail 앱을 제공
- **사용자 인터페이스:** 간결하고 직관적인 사용자 인터페이스를 제공하며, 사용자가 인터페이스를 일부 사용자 정의 가능

1.2 대화형 인공지능의 소개

대화형 인공지능(Chatbot AI)은 사용자와의 대화를 통해 정보를 제공하거나 특정 작업을 수행하는 인공지능 기반의 시스템이다. 이 기술은 자연어 처리(Natural Language Processing, NLP), 머신러닝(Machine Learning, ML), 그리고 딥러닝(Deep Learning)과 같은 다양한 인공지능 기술을 활용하여 인간의 언어를 이해하고, 의미를 파악하여 적절한 응답을 생성한다.

(1) 대화형 인공지능 두 가지 종류

1) 규칙 기반 대화형 인공지능(Rule-based Chatbots)

- **정의:** 사용자의 입력에 대해 미리 정의된 규칙이나 스크립트에 따라 응답을 생성하는 시스템이다. 이러한 시스템은 특정 키워드나 구문을 인식하여 그에 맞는 사전 준비된 응답을 제공한다.
- **장점:** 간단하고 예측 가능한 대화 흐름을 만들 수 있으며, 구현이 비교적 쉽다.
- **단점:** 복잡한 대화나 예상치 못한 사용자의 질문에는 유연하게 대응하기 어렵다.

2) AI 기반 대화형 인공지능(AI-powered Chatbots)

- **정의:** 머신러닝과 자연어 처리 기술을 활용하여 사용자의 입력을 분석하고, 학습을 통해 시간이 지남에 따라 응답의 정확성을 향상시키는 시스템이다. 이러한 시스템은 복잡한 질문을 이해하고, 상황에 맞는 자연스러운

대화를 생성할 수 있다.
- **장점:** 더 인간적이고 자연스러운 대화 경험을 제공하며, 다양한 질문과 상황에 유연하게 대응할 수 있다.
- **단점:** 고급 기술과 많은 데이터가 필요하며, 구현과 유지 보수가 비교적 어렵고 비용이 많이 든다.

대화형 인공지능은 다양한 분야에서 활용되며, 그 용도는 다음과 같다:
- **고객 서비스:** 고객 문의에 대응하고, 기본적인 지원 작업을 수행한다.
- **예약 시스템:** 호텔, 항공권, 레스토랑 예약 등을 돕는다.
- **교육과 학습:** 언어 학습, 교육 콘텐츠 제공 등 교육적 목적으로 활용된다.
- **엔터테인먼트:** 게임, 스토리텔링, 대화형 콘텐츠 제공 등에 사용된다.
- **개인 비서:** 일정 관리, 알림, 정보 검색 등의 개인화된 서비스를 제공한다.

대화형 인공지능의 발전은 계속해서 진행되고 있으며, 더욱 진보된 자연어 이해 및 생성 능력을 갖춘 시스템이 등장하고 있다. 이를 통해 사용자와의 상호작용이 더욱 자연스럽고 효과적인 방향으로 발전할 것으로 기대된다.

(2) 대화형 인공지능의 예시 및 비교

대화형 인공지능(Chatbot AI)의 두 가지 주요 유형, 즉 규칙 기반 대화형 인공지능과 AI 기반 대화형 인공지능에는 여러 구체적인 예시가 있으며, 각각의 대표적인 챗봇은 다음과 같이 사용된다.

1) 규칙 기반 대화형 인공지능 예시: FAQ 챗봇

- **설명:** FAQ 챗봇은 자주 묻는 질문(FAQ)에 대한 답변을 제공하기 위해 사전에 프로그래밍된 규칙을 기반으로 작동한다. 이러한 챗봇은 정적인 데이터베이스에서 질문에 가장 잘 맞는 답변을 검색하여 제공한다.
- **사용 방법:** 사용자는 특정 질문을 입력하고, 챗봇은 해당 질문과 가장 유사한 FAQ 항목을 찾아 그에 맞는 답변을 제공한다. 이 과정에서 사용자의 입력은 특정 키워드나 구문에 의해 매칭된다.

2) AI 기반 대화형 인공지능 예시:

a) ChatGPT

- **설명:** GPT는 OpenAI에 의해 개발된 강력한 자연어 처리 모델로, 광범위한 주제에 대해 자연스러운 대화를 생성할 수 있다. 이 모델은 대규모 데이터세트에서 학습되어 다양한 유형의 질문에 대한 응답, 콘텐츠 생성, 번역 등 수행할 수 있다.
- **사용 방법:** 사용자는 자연어로 질문하거나 명령을 입력하고, GPT 기반 챗봇은 이를 분석하여 관련성 높고 자연스러운 응답을 생성하여 제공한다.

b) Copilot

- **설명:** Copilot는 프로그래밍 관련 질문과 코드 생성에 특화된 GPT의 변형 모델이다. GitHub Copilot와 같은 도구는 이 모델을 활용하여 개발자가 코드를 더 빠르고 효율적으로 작성할 수 있도록 지원한다.
- **사용 방법:** 개발자는 특정 기능을 구현하고자 하는 자연어 설명을 입력하면, Codex 기반의 Copilot는 해당 기능을 수행하는 코드를 제안한다. 이를 통해 개발 과정이 간소화되고 생산성이 향상된다.

3) 두 유형의 챗봇 비교

- 규칙 기반 챗봇은 간단한 대화나 특정 도메인 내에서 빠르고 정확한 응답을 제공하는 데 적합하다. 반면, AI 기반 챗봇은 복잡한 대화, 자연스러운 언어 이해, 학습 능력을 필요로 하는 상황에서 더 강력한 성능을 발휘한다.
- 규칙 기반 챗봇은 구현이 비교적 단순하고 관리가 용이하지만, 대화의 유연성과 깊이가 제한적이다. AI 기반 챗봇은 더 자연스럽고 다양한 대화를 가능하게 하지만, 구현과 트레이닝에 더 많은 리소스가 필요하다.

각 챗봇의 선택은 사용 사례, 필요한 대화의 복잡성, 구현 및 유지 관리에 사용할 수 있는 리소스에 따라 달라진집니다.

1.3 ChatGPT, MS Copilot, 구글 Gemini의 비교

ChatGPT, MS Copilot, 구글 Gemini의 최신 버전에 대한 특징을 간략히 비교하면 다음과 같다:

항목	ChatGPT	MS Copilot	Gemini
기반 모델	GPT-4	GPT-4/DALL-E 3	Gemini 1.5
주요 기능	창의적 대화 생성	코드 자동완성	복잡한 추론 기능
이미지 처리	가능	불가능	불명
컨텍스트 윈도우	25,000 단어	불명	최대 1,000,000 토큰

성능과 기능에 대한 비교는 다음과 같다:

- ChatGPT는 맥락이 필요한 질문에 대해 잘 대답하며, 창의적인 내용을 생성하는 데 강점이 있다.
- MS Copilot는 코드를 작성하면서 빠르게 다음 부분을 자동 완성하는 데 유용하다. 또한 Microsoft 도구와의 통합이 잘 되어 있다.
- Gemini는 방대한 양의 정보를 처리하고 복잡한 추론을 수행하는 데 뛰어나다. 또한, Mixture-of-Experts(MoE) 아키텍처를 바탕으로 효율적으로 훈련되며, 다양한 모달리티에서 고도로 정교화된 이해 능력과 추론 능력을 가지고 있다.

기능	ChatGPT 4	MS Copilot Pro	Gemini 1.5 Pro
모델 유형	사전 훈련된 생성 변환기	사전 훈련된 코드 생성 모델	멀티모달 사전 훈련된 모델
주요 기능	텍스트 생성, 번역, 질의응답	코드 생성, 자동 완성, 문제 해결	텍스트 생성, 번역, 질의응답, 코드 생성, 멀티모달 처리
장점	- 자연스러운 텍스트 생성 - 다양한 언어 지원 - 다양한 유형의 텍스트 생성	- 빠르고 정확한 코드 생성 - 개발자 생산성 향상 - 다양한 프로그래밍 언어 지원	- 텍스트, 코드, 이미지, 음성 등 다양한 데이터 처리 - 멀티모달 작업 지원 - 높은 정확도 및 효율성
단점	- 편향 가능성 - 사실 오류 가능성 - 높은 컴퓨팅 자원 필요	- 창의성 부족 - 코드 스타일 제한 - 높은 가격	- 초기 단계 기술 - 편향 가능성 - 높은 컴퓨팅 자원 필요
활용 분야	챗봇, 콘텐츠 제작, 번역	코딩, 개발, 문제 해결	챗봇, 콘텐츠 제작, 번역, 코딩, 멀티모달 작업

이들의 성능과 기능은 사용자의 요구 사항에 따라 선택할 수 있다. 예를 들어, 코드 작성에 중점을 두는 개발자는 MS Copilot을 선호할 수 있으며, 창의적인 대화 생성이 필요한 사용자는 ChatGPT를 선호할 수 있다. 반면에, 복잡한 추론 기능이 필요한 경우 Gemini를 선택할 수 있다.

기능	ChatGPT 4	MS Copilot Pro	Gemini 1.5 Pro
텍스트 생성	○	×	○
번역	○	×	○
코딩	×	○	○
코드 완성	×	○	○
코드 제안	×	○	○
질문 답변	○	×	○
창작 활동	○	×	○
사실 오류	감소	낮음	낮음
창의성	향상	높음	높음
언어 지원	다양한 언어	Python, JavaScript 등	다양한 언어
사용자 인터페이스	웹 기반	VS Code 확장	웹 기반
가격	무료 (베타), 유료	유료	유료

ChatGPT, MS Copilot, 그리고 Gemini의 최신 버전을 비교하는 실제 사례를 찾아보았다. ZDNET에서는 간단한 질문을 이용하여 세 AI의 정확성을 비교하였다.

질문은 "오늘 나는 오렌지를 5개 가지고 있다. 지난주에 나는 오렌지를 3개 먹었다. 나는 얼마나 많은 오렌지를 가지고 있을까?"였다. 이 질문의 정답은 5개이다. 왜냐하면 지난주에 먹은 오렌지의 수는 오늘 가지고 있는 오렌지의 수에 영향을 주지 않기 때문이다.

- ChatGPT는 이 질문에 잘못된 답변을 제공하였다.
- MS Copilot와 Gemini에 대한 결과는 제공되지 않았다.

이러한 비교는 각 AI의 정확성을 평가하는 한 가지 방법이다. 하지만 이들의 성능과 기능은 사용자의 요구 사항에 따라 다르게 평가될 수 있다. 예를 들어, 코드 작성에 중점을 두는 개발자는 MS Copilot을 선호할 수 있으며, 창의적인 대화 생성이 필요한 사용자는 ChatGPT를 선호할 수 있다. 반면에 복잡한 추론 기능이 필요한 경우 Gemini를 선택할 수 있다.

1.4 ChatGPT 소개 및 특징

ChatGPT는 OpenAI에서 개발한 대화형 인공지능(Chatbot AI)이다. 이 AI는 'Generative Pretrained Transformer'의 약자인 GPT를 기반으로 하고 있다. GPT는 자연어 처리(NLP) 작업에 사용되는 AI 모델로, 인터넷에서 수집한 대량의 텍스트 데이터를 학습하여 사람처럼 텍스트를 생성하거나 이해하는 능력을 갖추고 있다. 사용자의 질문이나 명령에 따라 사람처럼 대화할 수 있으며 정보 검색, 글쓰기, 교육 자료 생성 등 다양한 기능을 수행할 수 있다. ChatGPT는 대량의 텍스트 데이터를 학습하여 언어의 구조와 의미를 이해하고, 이를 통해 사용자의 입력에 대해 가장 적절한 응답을 생성할 수 있다.

(1) ChatGPT의 핵심 기능

ChatGPT는 다음과 같은 핵심 기능을 가지고 있다:

- **텍스트 생성:** ChatGPT는 사용자의 입력에 대한 응답을 생성한다. 이때 생성된 텍스트는 사람이 작성한 것처럼 자연스럽다.
- **텍스트 이해:** ChatGPT는 입력된 텍스트를 이해하고, 이를 바탕으로 적절한 응답을 생성한다.

(2) ChatGPT의 활용 분야

ChatGPT는 다양한 분야에서 활용할 수 있다:

- **고객 서비스**: ChatGPT는 고객 질문에 대한 답변을 생성하거나 고객 서비스 대표의 역할을 할 수 있다. 이를 통해 기업은 고객 서비스를 효율적으로 운영할 수 있다.
- **콘텐츠 생성**: ChatGPT는 창의적인 콘텐츠를 생성하는 데 사용될 수 있다. 예를 들어 시나리오 작성, 노래 가사 작성, 시나리오 작성 등의 작업을 수행할 수 있다.
- **교육**: ChatGPT는 학생들의 질문에 답하거나, 학습 자료를 생성하는 데 사용될 수 있다. 이를 통해 교육의 효율성을 높일 수 있다.

(3) ChatGPT 활용 방법

ChatGPT를 사용하는 방법은 간단하다. 사용자는 자신의 질문이나 요청을 텍스트로 입력하면, ChatGPT는 이에 대한 응답을 생성한다. 이때 ChatGPT는 입력된 텍스트를 이해하고, 적절한 응답을 생성하는 능력을 갖추고 있다.

ChatGPT는 사용자의 요청에 따라 다양한 형태의 텍스트를 생성할 수 있다. 예를 들어, 사용자가 시나리오를 작성하고 싶다면 ChatGPT에 시나리오의 주제와 배경을 설명하면 된다. 그러면 ChatGPT는 이를 바탕으로 시나리오를 작성한다.

1.5 ChatGPT 간단한 챗봇 만들기

ChatGPT에 대한 기본적인 이해를 돕고, 간단한 챗봇(Chatbot; 대화형)을 만드는 방법을 단계별로 설명한다. ChatGPT는 자연어 처리(Natural Language Processing, NLP) 기술을 기반으로 하는 인공지능 모델로, 사용자의 질문이나 명령에 대해 자연스러운 대화 형태로 응답할 수 있다.

(1) ChatGPT의 간단한 작동 원리 소개

1) 학습 과정

ChatGPT는 대규모의 텍스트 데이터세트를 통해 사전학습(pre-training)되며, 다양한 주제에 대한 지식과 대화의 맥락을 이해하는 방법을 배운다.

2) 응답 생성

사용자로부터 입력을 받으면, ChatGPT는 학습된 지식을 바탕으로 가장 적절한 응답을 생성한다. 이 과정에서 문맥, 주제, 사용자 의도 등을 고려하여 자연스러운 대화를 이끌어 낸다.

3) 모델 업데이트

지속적인 학습을 통해 ChatGPT는 새로운 정보를 습득하고, 대화 능력을 개선한다.

(2) 왜 ChatGPT가 중요한가?

- **교육 분야에서의 활용:** 학생들이 학습 내용에 대한 질문을 하면 ChatGPT가 답변을 제공하여 자기주도 학습을 지원한다.

- **고객 서비스 향상**: 기업들은 ChatGPT를 활용하여 24시간 고객 문의에 대응할 수 있는 챗봇을 구현함으로써 고객 만족도를 높일 수 있다.
- **언어 학습 도구**: 다양한 언어로 대화가 가능한 ChatGPT를 사용하여 언어 학습자가 실시간으로 대화 연습을 하며 언어 능력을 향상시킬 수 있다.

(3) 간단한 챗봇 만들기 예제

1) 목표 설정

우리의 챗봇은 사용자가 일상 대화를 할 수 있으며, 간단한 질문에 대답할 수 있도록 설정한다.

2) ChatGPT 설정

챗봇의 기능에 맞춰 ChatGPT 모델을 설정한다. 예를 들어 대화형 스타일, 반응형 정도, 주제 범위 등을 설정할 수 있다.

3) 대화 스크립트 작성

사용자가 가장 자주 할 법한 질문들에 대한 대답을 사전에 준비한다. 이는 ChatGPT가 사용자의 질문에 대해 더 정확하고 일관된 응답을 할 수 있게 한다.

4) 테스트 및 개선

초기 버전의 챗봇을 친구나 가족에게 테스트해 보고 피드백을 받는다. 이를 통해 챗봇의 응답을 개선하고 사용자 경험을 향상시킨다.

ChatGPT에 대한 기본적인 이해를 높이고, 간단한 챗봇을 만들어 보는 경험을 할 수 있을 것이다. ChatGPT의 다양한 활용 가능성을 탐색하며, 실제 생활이나 업무에서 어떻게 적용할 수 있을지 고민해 보는 것도 유익하다.

1.6 ChatGPT 가입

ChatGPT에 대한 체계적인 소개와 활용 방법에 대해 알아보았고, 다음으로 ChatGPT에 가입하여 직접 사용하는 실습을 진행한다. ChatGPT 사이트에 들어가서 회원 가입하고 사용하는 과정은 다음과 같다:

1. **웹 브라우저 열기:** 웹 브라우저를 열고 주소창에 ChatGPT의 웹사이트 주소를 입력하고 엔터를 누른다. https://chat.openai.com

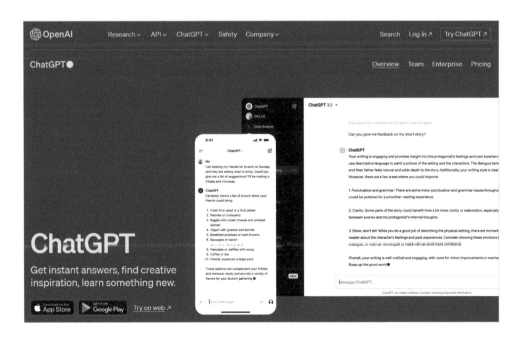

2. **회원 가입 페이지 접속:** 웹사이트에 접속하면 화면 상단에 'Sign Up' 또는 '회원 가입' 버튼이 보일 것이다. 이 버튼을 클릭한다.

3. **회원 정보 입력:** 회원 가입 페이지에서 요구하는 정보를 입력한다. 일반적으로 이메일 주소, 비밀번호, 이름 등의 정보를 입력하게 될 것이다. 모든 필요한 정보를 입력한 후에는 'Submit' 또는 '제출' 버튼을 클릭한다. 또는 Google 계정

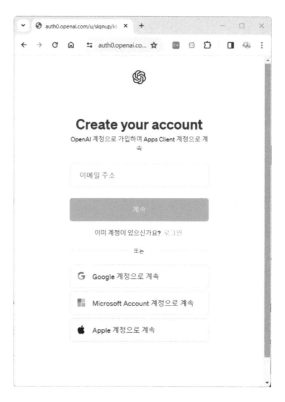

이나, Microsoft Account 계정이나 Apple 계정으로 가입하려면 아래 해당 버튼을 클릭해서 진행한다.

4. **이메일 인증:** 가입한 이메일로 인증 메일이 발송될 것이다. 이메일을 확인하고 인증 링크를 클릭하여 이메일 주소를 인증한다.

5. **로그인:** 이메일 인증이 완료되면, ChatGPT 웹사이트에 다시 접속하여 'Log In' 또는 '로그인' 버튼을 클릭한다. 이메일 주소와 비밀번호를 입력하고 'Submit' 또는 '제출' 버튼을 클릭하여 로그인한다.

6. **ChatGPT 사용:** 로그인이 완료되면 ChatGPT를 사용할 수 있다. 화면에 보이는 대화창에 텍스트를 입력하고 'Enter' 키를 누르면 ChatGPT가 응답을 생성한다.

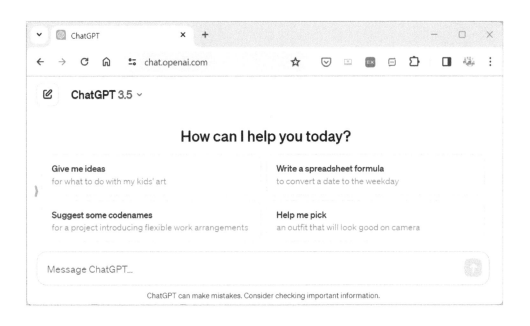

이렇게 간단한 과정을 통해 ChatGPT를 사용할 수 있다.

[그림] ChatGPT 사이트에 들어가서 회원 가입하고 사용하는 과정

ChatGPT
수업에서 바로 써먹는
컴퓨터 및 AI 활용

2

Microsoft Copilot 소개 및 사용 방법

CHAPTER
02 Microsoft Copilot 소개 및 사용 방법

2.1 MS Copilot의 소개 및 특징

Microsoft Copilot는 인공지능 대화형 도우미로, 사용자의 질문에 대답하고, 정보를 제공하며, 대화를 유지하는 역할을 한다. 다양한 언어를 이해하고 의사소통할 수 있고, 창의적인 콘텐츠를 생성하거나 사용자의 콘텐츠를 개선하는 데 도움을 줄 수 있으며, 이미지를 이해하고 설명하는 능력도 갖추고 있다. 하지만 자신의 존재나 감정에 대해 이야기 하거나, 논란의 여지가 있는 주제에 대해 의견을 내는 것은 피한다. 이 외에도 사용자의 안전과 프라이버시를 항상 우선시한다.

Copilot는 인공지능 기술 GPT-4를 기반으로 하여 사용자가 일상적인 작업을 보다 효율적으로 수행할 수 있도록 돕는 애플리케이션이다. 이 애플리케이션 사용을 Microsoft Edge에서 사용할 수 있다.

>> Microsoft Copilot (Link) : https://copilot.microsoft.com

개인 맞춤형 채팅으로 매우 간편하면서 효율적이다.

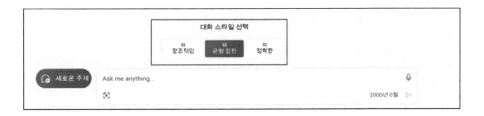

MS Copilot는 개발자가 코드를 작성하는 과정에서 도움을 주는 역할을 하고, 다양한 프로그래밍 언어와 프레임워크를 지원하며, 개발자가 작성하는 코드에 맞춰 적절한 코드 조각을 제안한다.

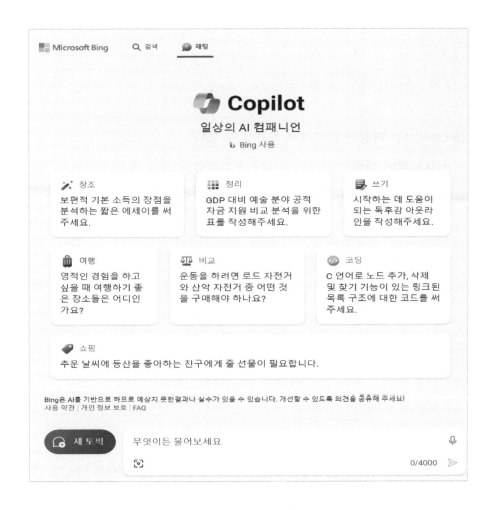

(1) MS Copilot의 핵심 기능

MS Copilot는 다음과 같은 핵심 기능을 가지고 있다:

- **코드 제안:** MS Copilot는 개발자가 작성하는 코드에 맞춰 적절한 코드 조각을 제안한다. 이 기능은 개발자가 코드를 더 빠르고 효율적으로 작성할 수 있도록 도와준다.
- **다양한 언어 지원:** MS Copilot는 다양한 프로그래밍 언어와 프레임워크를 지원한다. 이로 인해 개발자는 자신이 사용하는 언어에 맞게 MS Copilot를 활용할 수 있다.

(2) MS Copilot의 활용 분야

MS Copilot는 다양한 분야에서 활용할 수 있다:

- **소프트웨어 개발:** MS Copilot는 소프트웨어 개발 과정에서 코드 작성을 도와준다. 개발자는 MS Copilot의 제안을 바탕으로 더 효율적으로 코드를 작성할 수 있다.
- **코드 리뷰:** MS Copilot는 코드 리뷰 과정에서도 활용될 수 있다. MS Copilot는 코드의 문제점을 찾아내거나 더 나은 코드를 제안함으로써 코드 리뷰를 보조할 수 있다.

(3) MS Copilot 활용 방법

MS Copilot를 사용하는 방법은 간단하다. MS Copilot는 Visual Studio Code

와 같은 텍스트 에디터에 플러그인 형태로 제공된다. 플러그인을 설치하고 활성화하면, 개발자가 코드를 작성하는 동안 MS Copilot가 자동으로 코드 제안을 해준다.

(4) MS Copilot 회원 가입 및 사용 방법

MS Copilot를 사용하기 위한 과정은 다음과 같다:

1. **Visual Studio Code 설치:** MS Copilot를 사용하기 위해서는 먼저 Visual Studio Code를 설치해야 한다. Visual Studio Code는 Microsoft에서 제공하는 무료 텍스트 에디터이다.

2. **MS Copilot 플러그인 설치:** Visual Studio Code에서 MS Copilot 플러그인을 설치한다. 플러그인 설치는 Visual Studio Code의 'Extensions' 메뉴에서 할 수 있다.

3. **MS Copilot 플러그인 활성화:** 플러그인을 설치한 후에는 MS Copilot를 활성화해야 한다. 활성화는 플러그인 관리 메뉴에서 할 수 있다.

4. **MS Copilot 사용:** MS Copilot가 활성화되면, 코드를 작성하는 동안 MS Copilot가 자동으로 코드 제안을 해준다.

이렇게 간단한 과정을 통해 MS Copilot를 사용할 수 있다. 다음은 ChatGPT 사이트에 들어가서 회원 가입하고, 사용하는 과정을 Copilot가 그려준 그림이다.

Copilot   🔍 검색   💬 채팅

그림을 그려보겠다. 이 그림은 ChatGPT 사이트에 들어가서 회원 가입하고 사용하는 과정을 보여줄 것이다.

👍 👎 📱 ⬇ ↗   5 / 30 ●

"ChatGPT 사이트에 들어가서 회원 가입하고 사용하는 과정"

✧ Designer의 Image Creator   DALL·E 3에서 구동

2.2 일상의 AI 친구

Copilot를 웹사이트뿐만이 아닌 다양한 디바이스에서 직접 다운로드하여 사용할 수 있으며, 사용자의 질문에 대해 인공지능이 대답을 제공한다.

(1) 구글 Play Store

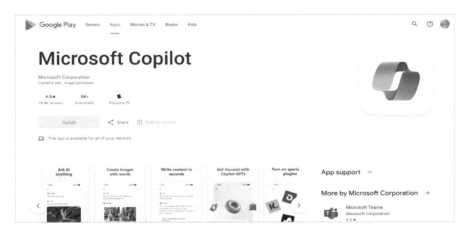

(2) App Store (MAC, Apple만 가능)

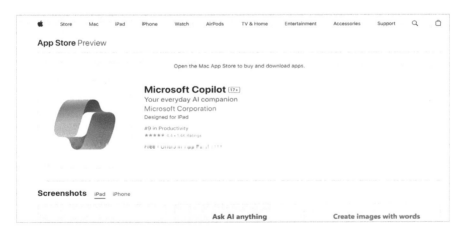

(3) Chrome (웹 페이지)

【예제 2.1】Microsoft Edge에서 Copilot 창을 열어 보자.

>> Microsoft Copilot (Link) : https://copilot.microsoft.com

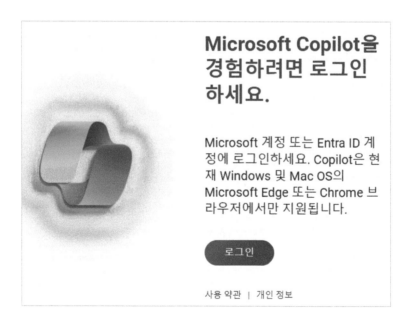

각자 Microsoft에 가입한 아이디와 패스워드로 로그인을 하고, 아직 가입하지 않았다면 회원으로 가입한 후 로그인을 진행한다.

【예제 2.2】 Microsoft Edge에서 Bing 검색 창에서 MS Copilot을 이용하거나 직접 Copilot 링크에 접속하여 로그인을 한 다음, Copilot이 무엇이며 어떤 기능을 가지고 있는지 확인해 보자.

새 토픽   MS Copilot이 무엇이며 어떤 기능이 있는지 간단히 알려주고, 자세한 설명보다는 의미가 잘 전달될 수 있도록 정리해줘.

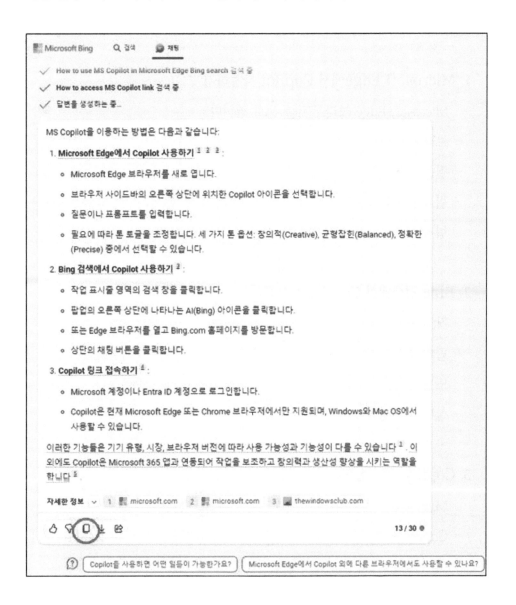

답변한 화면을 캡처하면 위와 같지만, 아래 쪽 복사 아이콘을 클릭해서 붙여넣기를 하면 아래와 같이 정보를 가져온 출처를 알려주므로 필요하면 직접 해당 사이트에서 확인해 볼 필요가 있다. 가끔 엉뚱하거나 맞지 않는 답을 할 때도 있기 때문이다.

MS Copilot을 이용하는 방법은 다음과 같다:

1. Microsoft Edge에서 Copilot 사용하기[234]:

- Microsoft Edge 브라우저를 새로 엽니다.
- 브라우저 사이드바의 오른쪽 상단에 위치한 Copilot 아이콘을 선택한다.
- 질문이나 프롬프트를 입력한다.
- **필요에 따라 톤 토글을 조정한다. 세 가지 톤 옵션:** 창의적(Creative), 균형잡힌(Balanced), 정확한(Precise) 중에서 선택할 수 있다.

2. Bing 검색에서 Copilot 사용하기[5]:

- 작업 표시줄 영역의 검색 창을 클릭한다.
- 팝업의 오른쪽 상단에 나타나는 AI(Bing) 아이콘을 클릭한다.
- 또는 Edge 브라우저를 열고 Bing.com 홈페이지를 방문한다.
- 상단의 채팅 버튼을 클릭한다.

3. Copilot 링크 접속하기[6]:

- Microsoft 계정이나 Entra ID 계정으로 로그인한다.
- Copilot은 현재 Microsoft Edge 또는 Chrome 브라우저에서만 지원되며, Windows와 Mac OS에서 사용할 수 있다.

이러한 기능들은 기기 유형, 시장, 브라우저 버전에 따라 사용 가능성과 기능성이 다를 수 있다[2]. 이 외에도 Copilot은 Microsoft 365 앱과 연동되어 작업을 보조하고 창의력과 생산성 향상을 시키는 역할을 한다[1].

출처: Bing과의 대화 (2024. 2. 12).

(1) Copilot | Microsoft Edge. https://www.microsoft.com/en-us/edge/features/copilot.

(2) Use Copilot for Better, Smarter Search | Microsoft Edge. https://www.microsoft.com/en-us/edge/learning-center/how-to-use-bing-in-sidebar?form=MA13I2.

(3) How to use Copilot in Microsoft Edge? - The Windows Club. https://www.thewindowsclub.com/how-to-use-bing-chat-in-edge.

(4) Microsoft Copilot: Your everyday AI companion. https://copilot.microsoft.com/.

(5) Bing 채팅, Edge 브라우저 Copilot를 활용하는 방법 : 네이버 블로그. https://m.blog.naver.com/zeroenter/223047584194.

(6) Get started with Microsoft Copilot for Microsoft 365. https://learn.microsoft.com/en-us/microsoft-365-copilot/microsoft-365-copilot-setup.

(7) Manage Microsoft Copilot for Microsoft 365 with the Copilot page. https://learn.microsoft.com/en-us/microsoft-365-copilot/microsoft-365-copilot-page.

(8) How to Enable and Use Microsoft Copilot in Windows 11. https://allthings.how/how-to-use-copilot-ai-in-windows-11/.

(9) undefined. https://teams.microsoft.com.

👍 💡 🗔 ⬇ ↪ 복사하기 옆에 있는 "내보내기" ⬇ 아이콘을 클릭해서 "Word, PDF, 텍스트" 파일로 받을 수 있고, ↪ 공유 버튼을 클릭해서 옆에 창에 나타난 것 중에서 선택해 공유할 수 있다:

공유할 링크를 복사, 이메일을 통해 공유, Facebook, X 등

【예제 2.3】 MS Edge에서 Bing 검색과 MS Copilot의 특징 및 차이를 Copilot에서 질문하고 답변을 보고, 어떤 오류가 있는지 확인해 보자.

Microsoft Edge에서 Bing 검색의 특징은 다음과 같다:
- Bing 검색은 Microsoft Edge에서 **기본 검색 엔진**으로 제공되며, 직접적인 Windows 앱 링크, 관련 제안, Windows에 대한 **즉각적인 질문에 대한 답변** 등을 제공한다.
- Bing 검색은 **인터넷을 직접 검색**하고, 웹에서 인기 있는 검색어를 업데이트하며, Office Online 및 Outlook.com 계정에 직접 액세스할 수 있다.
- Bing 검색은 AI 기반 어시스턴트로, 사용자가 원하는 내용을 입력하면 Bing Chat에서 **이미지를 생성**한다.
- Bing 검색은 각 대화에서 초기 질문의 컨텍스트를 유지하므로, 다시 시작하지 않고도 과거 질문을 명확히 하고 더 많은 정보를 얻을 수 있다.

반면에, MS Copilot의 특징은 다음과 같다:

- MS Copilot은 **AI 기반 생산성 도구**로, 대화형 대화를 통해 사용자에게 정보를 제공하고 질문에 답변하며 대화를 유지한다.
- MS Copilot은 **큰 언어 모델을 사용**하고, Microsoft Graph와 Microsoft 365 앱 및 서비스와 데이터를 통합한다.
- MS Copilot은 Word, Excel, PowerPoint, Outlook, Teams 등과 같은 인기 있는 **Microsoft 365 앱과 함께 작동**한다.
- MS Copilot은 사용자가 원하는 내용을 입력하면, 텍스트, 음성, 이미지를 사용하여 **대화형 검색**을 수행하고, **AI 이미지를 생성**할 수 있다.

따라서 Bing 검색과 MS Copilot 모두 사용자에게 정보를 제공하고 질문에 답변하는 역할을 하지만, MS Copilot은 **더욱 다양한 기능과 통합된 데이터를 제공**하며, Microsoft 365 앱과 함께 작동하는 등의 **차별화된 기능**을 가지고 있다.

2.3 GPT-4의 통합

MS Copilot은 GPT-4를 무료로 사용할 수 있으며, 이를 통해 다양한 정보 검색, 요약, 이미지 생성, 번역 등의 작업을 할 수 있다. 코파일럿에서 ChatGPT-4 사용은 앱으로 사용을 권장하며, 모바일 기기 또는 디바이스에 앱으로 다운로드해야 한다. 예시로 App Store 다운로드 – Iphone에서 실행하면 다음과 같다.

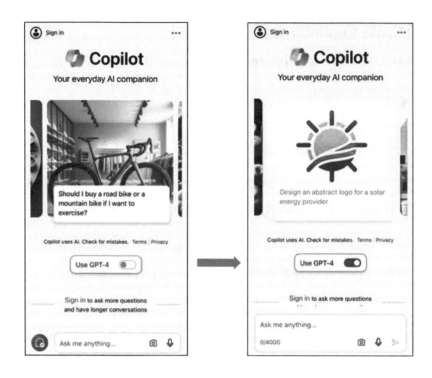

유료 버전 ChatGPT 4.0에서 삼행시를 지으라고 하면 원하는 답을 얻을 수 있었다. Copilot에서 GPT-4를 사용으로 선택하고 삼행시를 지으라고 해보자.

【예제 2.4】 Copilot에서 '이순신'으로 삼행시를 GPT-4로 만들어 보자.

> 🔹 Copilot ⑨ Use GPT-4
>
> 🔘 새 토픽 **삼행시가 뭐야? 이순신으로 삼행시를 지어줘**
>
> ⑨ 삼행시는 언어 유희의 하나로, 주로 세 줄로 이루어진 시를 말합니다[123].
> 주제가 되는 단어의 각 문자를 각 구의 머리글자에 놓고 문장을 만듭니다[1].
> 이순신에 대한 삼행시를 만들어 보겠습니다:
> 이: 이 세상에
> 순: 순수한 영웅이 있다면,
> 신: 신의 가호를 받은 이순신 장군이시리라.

이렇게 삼행시는 주제에 따라 다양한 방식으로 표현할 수 있다. 창의력을 발휘해 보세요! ▪

ChatGPT에서 '이순신'으로 삼행시를 지은 아래 결과와 비교해 보면, Copilot 에서 삼행시를 설명한 내용과 삼행시 내용이 약간 다름을 알 수 있다.

삼행시는 주로 세 줄로 구성되며, 각 줄이 특정 단어의 글자를 시작으로 하여, 재미있거나 의미 있는 문장을 만드는 놀이나 시 형태이다. 주로 친목 도모, 분위기를 화기애애하게 만들기 위해 사용된다.

이순신으로 삼행시를 지어보겠다.
이: 이 나라의 바다를 지키는
순: 순국을 두려워하지 않는
신: 신의 한 수는 거북선이었다.

【실습과제 2.1】 Copilot에서 GPT-4를 사용하지 않을 때와 사용했을 때 자신 이름 으로 삼행시를 각각 만들어서 비교해 보자.

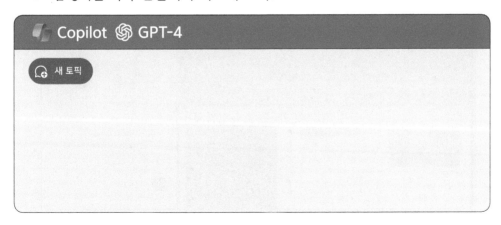

2.4 화면 분할 기능

화면을 분할하여 Copilot을 항상 열어 놓고 작업할 수 있으며, 대화식으로 정보를 얻거나 작업을 지시할 수 있다. (*Microsoft Edge에서만 가능하다.) Copilot 아이콘을 클릭하면 현재 페이지의 우측 상단에 Copilot 창이 뜬다. (아무 창에서 열어도 상관없다.)

1) 원하는 웹사이트에 들어가 옆 창에 띄운 Copilot에 질문을 하거나 또는 챗을 보낼 수 있다.

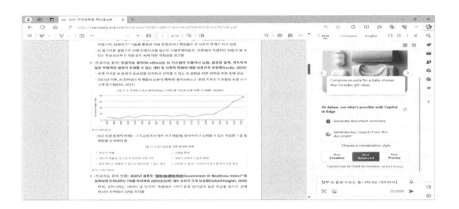

2) Copilot 창과 선택한 창 사이에 커서를 넣어 움직이면 창의 크기 조절 가능하다.

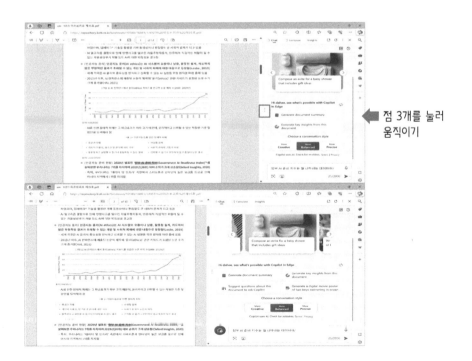

점 3개를 눌러 움직이기

Copilot을 이런 방법으로 편리하게 사용할 수 있다. 현재 페이지의 의문점이 있을 경우 창을 바꾸고 질문을 안 해도 된다는 장점이 있다.

2.5 PDF 및 웹페이지 요약

현재 보고 있는 웹페이지나 PDF 문서의 내용을 요약하여 제공한다.

1) 보고 있는 창 옆에 Copilot을 띄워야 한다. ('화면 분할 기능' 참고)

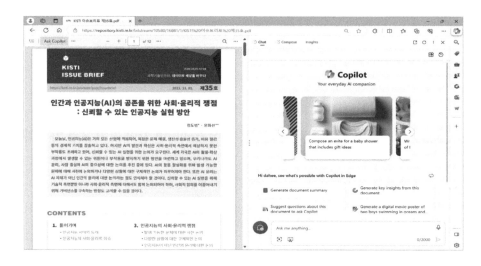

2) 채팅으로 현재 페이지의 요약 요청

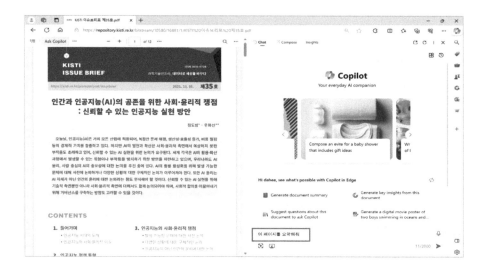

3) Microsoft가 페이지 콘텐츠에 액세스할 수 있도록 허용

요약뿐만이 아니 데이터 분석, 번역 등 다른 요청도 들어줄 수 있다.

2.6 콘텐츠 작성 및 이미지 생성 지원

블로그 포스팅, 리포트 작성 등을 위한 초안을 제공하며, 사용자가 콘텐츠를 더욱 쉽게 생성할 수 있도록 돕는다.

Microsoft Copilot은 일상적인 정보 검색부터 콘텐츠 생성까지 다양한 작업을 지원함으로써 사용자의 생산성을 향상할 수 있는 강력한 도구이다. 이러한 기능들을 통해 사용자는 더 효율적으로 작업을 수행하고, 일상생활에서 인공지능의 혜택을 누릴 수 있다.

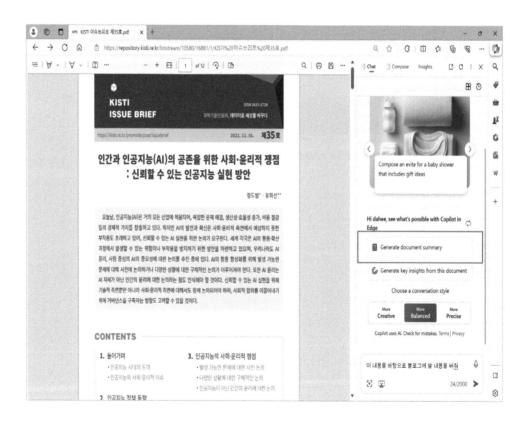

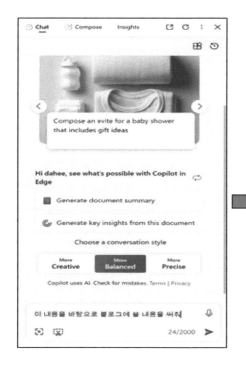 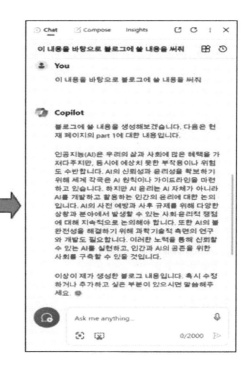

또한 ChatGPT-4와 같이 Dall-E를 사용해 AI 이미지 생성을 무료로 할 수 있고, 앱이 홈페이지에서도 이용할 수 있다.

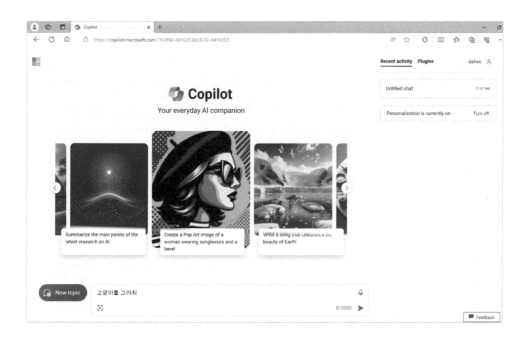

ChatGPT와 달리 한 번에 이미지 여러 장을 생성해 선택의 폭이 넓어진다.

현재는 개인별로 한 채팅에 이미지 생성은 30회만 가능하다.

【예제 2.5】 "컴퓨터 및 ChatGPT 활용" 교과목에 가장 어울리는 교재의 표지를 그려달라고 요구해 보자.

요구한 모든 내용을 그림에 나타내지는 못했지만 그래도 양호한 그림을 그려 주었다.

【예제 2.6】계속해서 **특정 사진을 첨부**하면서 "컴퓨터 및 ChatGPT 활용" 표지에 추가해서 가장 어울리는 교재의 표지를 그려달라고 다시 요구해 보자.

3

ChatGPT
수업에서 바로 써먹는
컴퓨터 및 AI 활용

Gamma
소개 및 사용 방법

CHAPTER
03 Gamma 소개 및 사용 방법 ::::::::::

3.1 Gamma 소개 및 사용 방법

Gamma란? Gamma는 AI를 기반으로 한 웹 서비스로, 사용자가 입력한 텍스트를 바탕으로 PPT, 문서, 웹페이지를 자동으로 생성해 주는 기능을 가지고 있다. 이 서비스는 ChatGPT를 기반으로 하며, 사용자가 원하는 주제에 대한 개요를 제시하고, 그에 따른 PPT를 자동으로 생성해 준다.

(1) Gamma의 주요 기능

문서, 데크 및 웹페이지 생성: 강력한 AI 생성기를 사용하여 1분 이내에 완성도 높은 프레젠테이션, 문서 또는 웹페이지를 만들고 다듬고 사용자 지정할 수 있다.

1) **다듬고 준비하기:** 슬라이드 마스터나 템플릿에 종속되지 않고, 클릭 한 번으로 전체 데크 스타일 변경이 가능하다.

2) **라이브 프레젠테이션 또는 웹페이지 전송:** 프레젠테이션 모드로 요점 전달하기, 중첩 카드를 사용하여 세부 사항 자세히 살펴보기, 게시 + 분석 기능으로 온라인 공유 등의 기능이 있다.

3) **아이디어에 생명을 불어넣기:** 텍스트와 지루한 클립아트에서 벗어나 GIF/동영상/차트/웹사이트 등을 삽입할 수 있다.

4) **어디서나 읽기**: 내장된 분석 기능으로 참여도 측정, 빠른 반응으로 더 많은 피드백 받기, 댓글을 통한 간편한 협업, 노트북, 태블릿, 휴대폰 등 모든 기기에서 공유 가능하다.

(2) Gamma의 사용 방법

Gamma 홈페이지에 접속한 후, 회원 가입 및 로그인을 진행한다. 구글 계정으로 편하게 이용 가능하다. Gamma 홈페이지 (https://gamma.app/?lng=ko)

- 새로운 파일을 만든다.
- 만들 주제를 선택하고, 주제를 입력한다.
- 만들 주제 관련 개요를 제시한다.
- 맘에 들지 않으면 '다시 시도하세요'를 클릭해서 개요를 선택할 수 있다.
- PPT의 배경 테마를 선택하고, 테마를 선택한 후 '계속'을 클릭한다. 단 몇 초 만에 초안을 전부 만든다.
- 각 항목별로 추가로 수정이 가능하다.

만들어진 파일은 PDF 출력이 가능하다. 아직 PPT나 word 형식으로는 저장되지 않지만 사이트의 안내로는 앞으로 지원할 예정이라고 한다.

이렇게 Gamma는 사용자의 작업을 편리하게 돕는 도구로, AI를 활용하여 빠르고 효율적으로 문서를 생성할 수 있게 도와준다.

1) [무료 가입하기]를 클릭하고 사인업

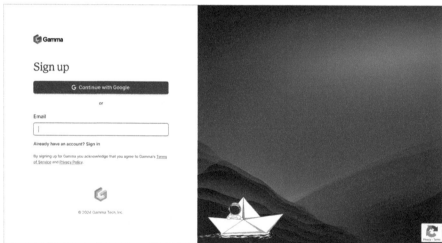

사인업을 한 후 홈페이지로 이동

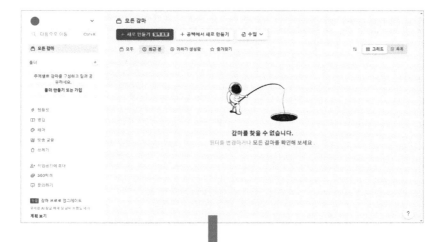

새로 만들기 버튼 클릭

텍스트에 붙여넣기

＊ 자세한 내용이 필요함 (보고서, 노트 등)

1. 내용을 넣은 후 어떤 자료로 만들 것인지 선택 (프레젠테이션, 문서, 웹페이지)

2. 프롬프트 편집

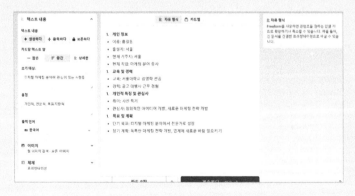

* ppt 생성할 때 40크레딧 사용 (회원 가입 시 400크레딧 지급)

생성하다

1. 주제/내용을 넣은 후 어떤 자료로 만들 것인지 선택 (프레젠테이션, 문
서, 웹페이지)

2. 개요/내용 편집

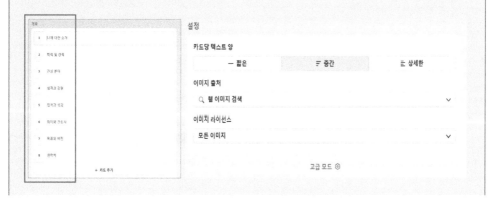

* ppt 생성할 때 40크레딧 사용 (회원 가입 시 400크레딧 지급)

−	카드 8장	+	계속하다 40 ◎ →

파일 가져오기

1. 파일 올리기 (문서, PPT 등)

2. 파일을 넣은 후 어떤 자료로 만들 것인지 선택 (프레젠테이션, 문서, 웹페이지)

3. 프롬프트 편집

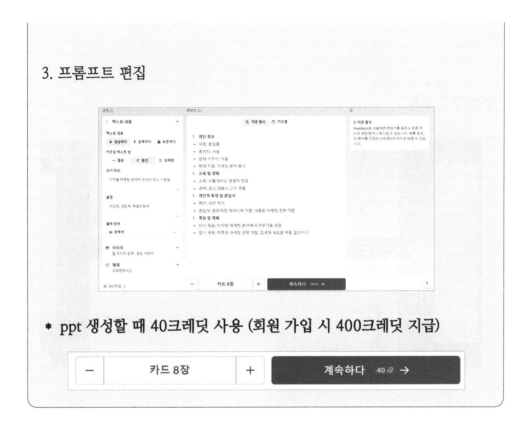

* ppt 생성할 때 40크레딧 사용 (회원 가입 시 400크레딧 지급)

[생성하다] 버튼 누르면 ppt 테마 선택 가능

자기소개 PPT 자동으로 만들기

ppt 생성 결과

개선 방법

- 간결하게
- bullet points 사용
- 일인칭 시점으로 작성

AI로 편집 사용

클릭할 경우

예) 1번 슬라이드 결과

위젯/아이콘 설명

테마 변경 가능

공유

프레젠테이션 시작

AI 편집 →

카드 템플릿 →

텍스트 선택 (제목, 목록 등) →

콜아웃 블록 →

레이아웃 옵션 →

시각적 템플릿 →

이미지 추가 →

동영상 삽입 →

앱 및 웹페이지 삽입 →

양식 및 버튼 →

템플릿 클릭

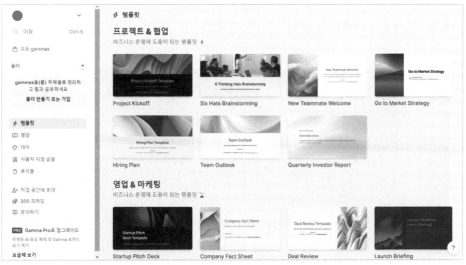

커서를 원하는 템플릿에 놓으면 템플릿 사용/미리보기 버튼이 생김.

템플릿 사용 → 내용이 없는 ppt가 생성됨.

 ← AI 편집 사용해서 빠르게 ppt 내용 생성

【예제 3.1】 Copilot을 이용해 자기 소개하는 파워포인트를 작성해 보자.

3.2 | Gamma를 활용한 파워포인트 만들기

Gamma 홈페이지에서 5.1에서 만들어준 포트폴리오 내용처럼 파워포인트를 작성해 달라고 요청해 보자. 먼저 AI로 만들기에서 생성을 선택한다.

생성 중에서 [프레젠테이션]을 선택하고 간단하게 [8카드]와 [한국어] 옵션으로 선택한다. "무엇을 만들고 싶은지 설명하세요"에 "로봇자동화공학부에서 이론뿐만 아니라 실무 능력을 향상할 수 있는 능력을 개발했고 특히 반도체 관련 이론 교과목을 배우고 실습을 통해 현장 적응력을 키웠다. 반도체 설비 유지보수 산업체에 제출할 포트폴리오를 POWERPOINT로 작성해줘"라고 입력하고 생성을 클릭한다.

다음과 같이 파워포인트 슬라이드로 8개를 주제를 추천한다. 아래로 내려가면 설정이 있는데, 원하는 카드당 텍스트의 수준, 이미지 출처, 이미지 라이센스 등을 선택한 후 [계속]을 클릭한다.

Gamma가 추천하는 테마가 나타나면 원하는 밝기와 형태를 보고 선택한 후에 [생성]을 클릭하면 파워포인트를 만들어 준다.

원하는 테마를 선택하면 아래와 같이 해당하는 테마로 변경된다.

테마 선택 아래에 있는 [생성] 버튼을 클릭하면 다음과 같이 만들어 준다.

제목이나 내용 또는 이미지 등 사용자가 원하는 대로 수정할 수 있다.

첫 슬라이드에서 **왼쪽 위의 세 점**을 클릭하면 카드 복제, 카드링크 복제, 카드 내보내기, 삭제를 할 수 있고, 바로 옆의 **페인트아이콘**을 클릭하면 원하는 카드 스타일로 지정이 가능하다. 맨 위의 왼쪽부터 레이아웃 없음, 위쪽 레이아웃, 오른쪽 레이아웃, 배경 레이아웃을 선택할 수 있고 현재는 오른쪽 레이아웃으로 선택되어 있다.

강조 이미지 옆의 [수정]을 클릭하면 오른쪽 긴 창에 다양한 이미지를 보여주므로 여기에서 원하는 이미지를 선택하거나 웹 이미지를 검색해서 변경할 수 있다.

이미지를 변경하려면 해당 이미지를 클릭하면 오른쪽에 추천 이미지가 나타나고, 원하는 이미지를 선택하면 바로 반영되어 변경된다.

【실습과제 3.1】 ChatGPT와 Gamma를 이용하여 본인을 가장 잘 소개하는 포트폴리오를 만드는 과정을 아래에 정리하고 파워포인트로 완성해서 제출하시오.

ChatGPT
수업에서 바로 써먹는
컴퓨터 및 AI 활용

MS Office 365
소개 및 사용 방법

CHAPTER
04 MS Office 365 소개 및 사용 방법 ⋮⋮

4.1 MS 계정 소개 및 사용 방법

(1) MS 계정 소개

수업 및 업무에 필요한 Office 프로그램, 메일, 일정, 문서관리, 협업 등을 원스톱으로 제공하는 클라우드 서비스

1) MS 계정 주요 서비스
- **MS 365**(설치형 Office)**:** 윈도우나 맥에 상관없이 5대의 PC와 5대의 스마트폰에 최신 Office를 설치하여 사용 가능
- **Exchange 온라인:** 50GB의 메일 사서함 제공. 스마트폰, 태블릿에서 메일, 일정, 주소록 관리 가능
- **SharePoint 온라인:** 팀 사이트를 만들어 문서를 공유하고 연구 등 협업
- **OneDrive:** 파일 저장 및 공유, 학교 수업이나 팀 문서를 안전하게 저장할 수 있는 1TB의 개인용 스토리지
- **Microsoft Teams:** 메신저, 파워포인트나 데스크톱을 공유하는 화상회의 및 온라인 교육에 활용

2) MS 계정 메일 구분
- **학 생:** 포탈id@m365.dongyang.ac.kr을 주메일로 사용

– **교직원:** 포탈id@m365.dongyang.ac.kr을 보조메일로 사용

3) MS 계정 신청 자격:

– 해당 대학 재학 중인 학생 및 재직 중인 모든 교직원

4) 탈퇴:

– 자동 삭제 처리는 매 학기 시작일(3월, 9월) 첫 주에 시행한다.

※ 졸업/자퇴/제적 예정인 학생은 자동 삭제 처리 전에 백업을 완료해야 한다.

5) 로그인 방법

– **로그인 이메일 주소:** 포탈id@m365.dongyang.ac.kr

(예: abc123@m365.dongyang.ac.kr)

– **초기 비밀번호:** "m" + 생년월일(8자리) + "!"

(예: 생년월일이 20010203인 경우 m20010203!임)

(2) MS 계정 신청 및 로그인

1) MS 계정 주소:

다음 사이트에 들어간다.

https://m365.dongyang.ac.kr

2) MS 계정 신청:

학번, 성명, 대학 포털 아이디를 입력하
여 신청자격을 확인한다. 이미 가입된

MS 계정 신청 자격 확인

MS 계정 신청은 재직자 및 재학생만 가입할 수 있습니다.
MS 계정은 대학 포털 아이디를 사용합니다.

학번/교번

성 명

대학 포털아이디

신청자격확인

사용자는 포털아이디로 사용하면 되고, 아니면 가입신청을 완료한다. 가입신청을 완료하면 성명, 계정명(이메일), Email(비밀번호 분실 시 확인용)을 확인하고, MS 365(워드, 엑셀, 파워포인트 등)에 로그인한다.

3) MS 365 앱:

학교에서 이미 구매해서 학생들이 사용할 수 있는 다양한 앱들을 확인할 수 있다. 각종 문서작성, 과제, 보고서, 발표자료, 설문지 등 다양한 작업을 개인 또는 팀으로 수행할 수 있다.

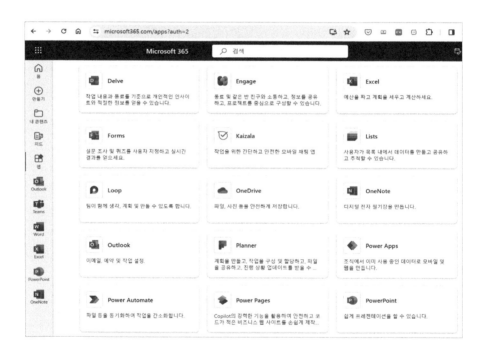

개인이 구입해 사용하기에 부담스럽지만 이미 학교가 지불한 대학의 학생은 회원 가입 후에 MS 365(설치형 Office) 윈도우나 맥에 상관없이 **5대의 PC**와 **5대의 스마트폰**에 최신 Office를 설치하여 사용할 수 있다. Exchange 온라인 이메일은 50GB의 사서함 사용할 수 있으며. SharePoint 온라인으로 팀 사이트를 만들어 문서를 공유하고 과제나 프로젝트의 협업을 진행할 수 있다. 특히 OneDrive는 파일 저장 및 공유, 학교 수업이나 팀 문서를 안전하게 저장할 수 있는 1TB의 개인용 스토리지를 사용할 수 있으니, 개인 과제나 프로젝트의 진행 자료들을 올리거나 공유하면 매우 유용하다.

4) MS 365 일정표 만들기:

5) MS PowerPoint 만들기:

- 왼쪽 메뉴 중에서 PowerPoint를 선택하고, [더 많은 테마 표시]를 클릭한다.

- 다양한 테마 중에서 선택해서 원하는 파워포인트를 만들기

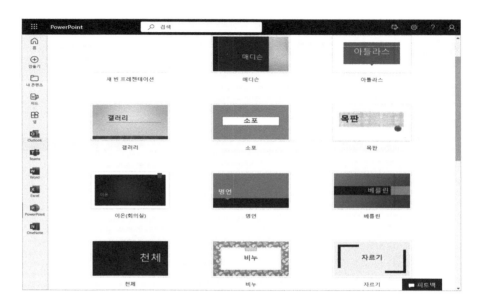

- 갤러리 테마를 선택하여 새로운 문서를 만든다.

- 선택한 테마를 오른쪽 맨 아래 테마로 변경하면 다음과 같다.

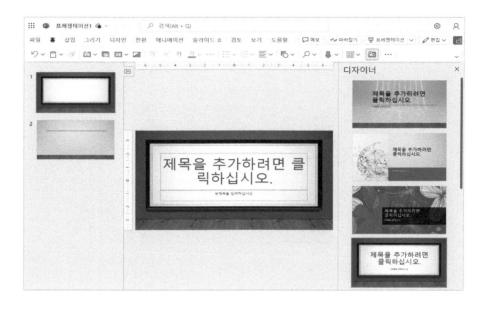

6) 서식 파일로 자기소개 MS PowerPoint 만들기:

- ms265 홈에서 만들기를 클릭한 후 아래 오른쪽에 "파란색 책더미 프레젠
테이션(와이드스크린)" 또는 각자가 원하는 서식 파일을 선택한다.

- 아래와 같은 서식이 나타나면, 각 페이지 서식으로 자기소개를 만들어 보자. 제목 레이아웃에 본인의 이름을 입력하고 (예: 홍길동 자기소개)

- '디자인' 메뉴에서 '디자이너'를 선택하면 오른쪽 화면에 선택할 수 있는 디자인 서식이 나타나고 이 중에서 원하는 표지 디자인으로 변경하여 사용할 수 있다.
- 표지 제목을 "홍길동 자기소개" 및 소제목을 "로봇자동화공학부"로 변경하면 다음과 같다.

- 두 번째 장에는 목차를 입력해서 만들 수 있다.

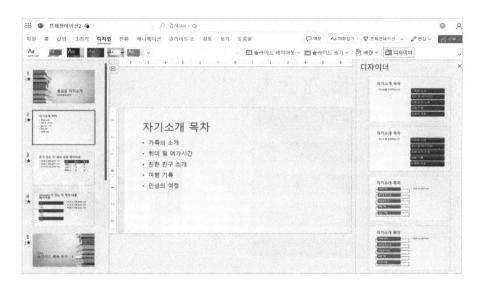

- 목차의 서식을 오른쪽 디자이너에서 세 번째 서식으로 변경하고, 텍스트 입력에서 세 번째 아이콘, "스톡 이미지"를 선택해서 "검정색 필름"을 클릭해서 삽입한다.

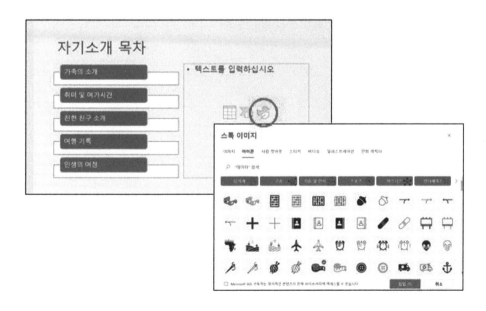

– 스톡 이미지의 크기와 위치를 조정하여, 완성된 두 번째 페이지의 목차는 다음과 같다.

【실습과제 4.1】 위에서 설명한 내용을 따라 각자의 자기소개를 직접 MS 365의 PPT에서 만들어서 제출하라.

4.2   작성한 발표 자료의 공유

(1) PPT 공유 방법

- **작성한 PPT 파일의 공유:** 오른쪽 위의 "공유"를 클릭한 후 <편집 가능> 또는
<보기 가능> 중에 원하는 공유를 선택하고, <링크 복사>를 클릭하고 원하는
SNS에서 붙여넣기를 하여 "홍길동 자기소개"의 발표 자료를 공유할 수 있다.

- 기존의 작성한 PPT 파일을 다시 읽어 오려면, MS 365에서 <내 콘텐츠>에서 <모두>를 선택하면 오른쪽 창에 작업했던 파일의 목록이 나타난다. 여기서 원하는 파일을 클릭하여 추가로 작업을 진행할 수 있다.

5

ChatGPT
수업에서 바로 써먹는
컴퓨터 및 AI 활용

ChatGPT를
활용한 공학 수업

5.1 공학 기초 문제의 해결 과정

공학의 기초적인 문제를 해결하는 과정은 이론 이해부터 문제 해결까지 여러 단계를 거친다. 여기서는 ChatGPT를 활용하여 공학에서 자주 등장하는 기본적인 문제, 예를 들어 오옴의 법칙을 이용한 회로 계산 문제를 해결하는 과정을 단계별로 알아본다.

(1) 문제 정의: 오옴의 법칙을 이용한 전류 계산

문제: 12V 전원을 가진 회로에 6Ω 저항이 연결되어 있다. 이 회로의 전류를 계산하시오.

1) 오옴의 법칙 이해하기
- 오옴의 법칙은 전기공학의 기본적인 법칙 중 하나로, 전압(V), 전류(I), 저항(R) 사이의 관계를 설명한다.
- **공식:** $V = I \times R$
- 이 공식을 통해 전압, 전류, 저항 중 어느 하나가 주어지면 나머지 둘 중 하나를 계산할 수 있다.

2) 필요한 정보 확인하기
- **주어진 정보:** 전압 V=12V, 저항 R=6Ω
- **구해야 하는 정보:** 전류 I

3) 오옴의 법칙을 이용한 계산식 세우기
- 오옴의 법칙 V=I×R에서 전류 I를 구하는 공식으로 재정리한다.
- $I = V/R$

4) 계산하기
- 주어진 값으로 I를 계산한다.
- $I = 12V/6Ω = 2A$

5) 단계 5: 결과 해석하기
- 계산 결과, 이 회로를 통과하는 전류는 2암페어(A)이다.
- 이는 12V의 전원을 가진 회로에 6Ω의 저항이 연결되어 있을 때, 저항을 통과하는 전류가 2A임을 의미한다.

6) ChatGPT를 이용한 추가 질문
- 이해가 안 가는 부분이나 추가적인 질문이 있다면 ChatGPT에 직접 질문할 수 있다.
- **예:** "오옴의 법칙 외에 전기회로에서 전류를 계산하는 다른 방법이 있나요?"

이 과정을 통해 전기공학의 기초적인 문제를 해결하는 방법을 배웠다. ChatGPT는 복잡한 이론 설명, 계산 과정 확인, 그리고 추가 질문에 대한 답변 제공 등 교육적 목적으로 다양하게 활용될 수 있다. 문제 해결 과정에서 중요한 것은 기본 원리를 정확히 이해하고, 주어진 문제에 적용하는 능력을 키우는 것이다.

(2) ChatGPT를 사용하여 공학 기초 문제 해결하기: 대화 예시

---

⑤ **ChatGPT**

🖐 오옴의 법칙이 뭐야?

⑤ 오옴의 법칙은 전기공학에서 전류, 전압, 저항 사이의 기본적인 관계를 설명하는 법칙이야. 이 법칙은 $V = I \times R$로 표현되며, 여기서 V는 전압(Volts), I는 전류(Amperes), R은 저항(Ohms)을 나타내. 이 공식을 통해 전압, 전류, 저항 중 두 가지를 알고 있으면 나머지 하나를 계산할 수 있어.

🖐 12V 전원을 가진 회로에 6Ω 저항이 연결되어 있을 때 전류를 어떻게 계산해?

⑤ 주어진 전압이 12V이고 저항이 6Ω일 때, 오옴의 법칙 $V = I \times R$을 사용해서 전류 I를 계산할 수 있어. 식을 전류 I에 대해 재정리하면 $I = V/R$이 되는데, 여기에 주어진 값을 대입하면 $I = 12V/6Ω = 2A$가 돼. 따라서 회로를 통과하는 전류는 2암페어(A)야.

🖐 오옴의 법칙 외에 전기회로에서 전류를 계산하는 다른 방법이 있어?

⑤ 네, 전류를 계산하는 데 오옴의 법칙 외에도 여러 방법이 있어. 예를 들어 *키르히호프의 법칙*은 복잡한 회로에서 전류와 전압의 관계를 계산하는 데 유용해. 키르히호프의 전류 법칙(KCL)은 모든 회로 접점에서 들어오는 전류 합이 나가는 전류 합과 같다는 원칙을 제시하고, 키르히호프의 전압 법칙(KVL)은 회로의 닫힌 경로를 따라 전압의 총 합이 0이라는 원칙을 설명하지. 이 법칙들은 여러 개의 전원과 저항이 있는 복잡한 회로의 전류와 전압을 분석할 때 특히 유용해.

🖐 전기공학 공부를 시작하는 데 추천하는 자료가 있어?

🌀 전기공학을 공부하기 시작할 때는 기초적인 개념을 잘 이해하는 것이 중요해. 여기 몇 가지 추천 자료가 있어:

1. 교과서: "Fundamentals of Electric Circuits" by Charles K. Alexander and Matthew N.O. Sadiku는 전기공학의 기초를 다루는 훌륭한 교과서야.

2. 온라인 코스: Coursera나 edX 같은 플랫폼에서 제공하는 전기공학 기초 코스들도 많이 있어. 여기서는 기본 개념부터 시작해서 심화 내용까지 배울 수 있어.

3. 실습 키트: Arduino나 Raspberry Pi 같은 마이크로컨트롤러를 사용한 프로젝트는 실제로 회로를 만들고 실험해 보면서 배울 수 있는 좋은 방법이야.

이 자료들을 통해 기본적인 이론을 배우고, 실습을 통해 직접 경험해 보는 것이 중요하다. 전기공학은 실습과 이론이 결합된 분야이기 때문에 다양한 프로젝트와 실험을 통해 배운 내용을 실제로 적용해 보는 것이 학습에 많은 도움이 될 것이다.

5.2 ChatGPT로 이진법과 십진법의 이해 및 변환

이진법과 십진법을 이해한 다음, 15를 이진법으로 나타내고 궁금한 점을 ChatGPT로 질문하여 답변으로 이해하는 과정을 알아보자.

⑤ ChatGPT

✊ 이진법과 십진법이 무엇인지 알려주고, 15를 이진법으로 변환해줘.

⑤ 먼저 이진법과 십진법을 설명한다.

– 십진법(Decimal System): 우리가 일상생활에서 사용하는 숫자 체계로, 0부터 9까지의 10개 숫자를 사용한다. 각 자릿수는 10의 거듭제곱을 기반으로 값을 갖는다.

– 이진법(Binary System): 컴퓨터 시스템에서 사용하는 숫자 체계로, 0과 1 두 개의 숫자만을 사용한다. 각 자릿수는 2의 거듭제곱을 기반으로 값을 갖는다.

십진수 15를 이진법으로 변환하는 과정은 다음과 같다:

1. 15를 가장 가까운 2의 거듭제곱수로 나눈다. 가장 가까운 수는 $2^3=8$이다.
2. 15에서 8을 뺀다: 15 – 8 = 7
3. 남은 수 7을 다시 가장 가까운 2의 거듭제곱수로 나눈다. $2^2 = 4$이다.
4. 7에서 4를 뺀다: 7 – 4 = 3
5. 남은 수 3을 다시 나눈다. 가장 가까운 수는 $2^1 = 2$이다.
6. 3에서 2를 뺀다: 3 – 2 = 1
7. 남은 수 1은 $2^0 = 1$이다.

– 이 과정을 통해 15를 이진수로 나타내면 1111이 된다.

【예제 5.1】 ChatGPT에서 십진수 15를 변환하고 이진법의 의미를 질문해 보자.

⑤ ChatGPT

✊ 십진수 15를 이진법으로 어떻게 변환해?

⑤ 십진수 15를 이진법으로 변환하기 위해서는 15를 2의 거듭제곱 합으

로 나누어 표현하는 과정을 거칩니다. 15는 $2^3 + 2^2 + 2^1 + 2^0$으로 표현할 수 있으며, 이를 이진법으로 나타내면 1111이 됩니다. 각 자릿수는 2의 거듭제곱 값을 기반으로 하며, 오른쪽에서 왼쪽으로 2^0, 2^1, 2^2, 2^3 순서대로 1의 값을 갖습니다.

✋ 이진법에서 0과 1의 의미는 무엇인가요?

⚙️ 이진법에서 숫자 0과 1은 두 가지 상태를 나타냅니다. 0은 보통 '꺼짐' 상태나 '부재'를 의미하고, 1은 '켜짐' 상태나 '존재'를 의미합니다. 컴퓨터 시스템 내에서 이러한 두 상태는 전기 신호의 유무, 스위치의 켜짐과 꺼짐 등으로 표현되어 정보를 저장하고 처리하는 데 사용됩니다. 이진법은 이렇게 단순한 두 상태만을 이용해 복잡한 데이터와 명령을 표현하고 처리하는 컴퓨터의 기본적인 언어가 됩니다.

이 과정을 통해 이진법과 십진법의 기본적인 이해와 십진수를 이진수로 변환하는 방법을 배울 수 있다. 추가적인 궁금증이나 더 깊이 있는 지식을 원한다면, ChatGPT와의 대화를 통해 계속해서 탐색해 볼 수 있다. 이는 전기공학뿐만 아니라 컴퓨터 과학의 기초적인 지식을 다지는 데에도 큰 도움이 된다.

5.3 Copilot으로 이진법과 십진법의 이해 및 변환

ChatGPT로 이진법과 십진법을 이해한 다음, 15를 이진법으로 나타내고 궁금한 점을 질문하여 답변으로 이해하는 과정을 Copilot으로 알아보자.

【예제 5.2】 Copilot에서 십진수 15를 변환하고 이진법의 의미를 질문해 보자.

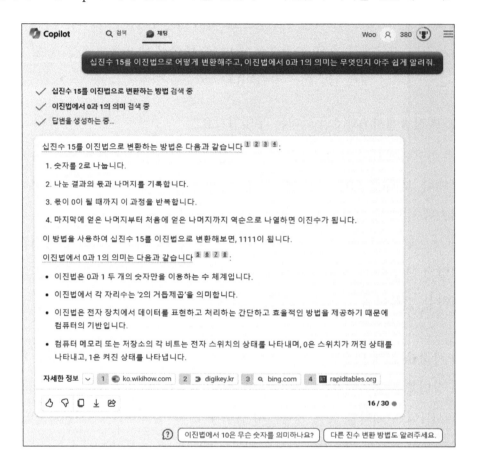

십진수를 변환하는 방법을 알려주지만 푸는 과정은 자세히 알려주지 않으므로 다시 질문을 해서 알 수 있고, 이진법에 대한 의미도 설명해 주고 있다. 특히 맨 아래에 보면 "이진법에서 10은 무슨 숫자를 의미하나요?"와 같은 추가 질문을 추천해 주고 있어 매우 유용하다. 또한 "다른 진수 변환 방법도 알려주세요"와 같이 사용자가 도움을 받을 수 있는 질문이 있어 개인적으로 학습하는 데 매우 유용할 것이다.

ChatGPT와 Copilot의 특징이 다르므로 사용자가 원하는 결과를 쉽게 빨리 얻을 수 있는 방법을 개인별로 찾아야 한다.

ChatGPT를
활용한 엑셀 사용 방법

CHAPTER
06 ChatGPT를 활용한 엑셀 사용 방법 ⋮⋮

6.1 ChatGPT를 활용한 성적표 작성

ChatGPT를 활용하여 Excel에서 다양한 작업을 수행하는 방법에는 데이터 입력 및 정리, 공식 및 함수 작성 도움, 매크로 및 VBA 스크립트 개발에 대한 조언, 그리고 데이터 분석 및 시각화 전략 제공 등이 포함된다. 예를 들어, 특정 데이터 분석을 위한 공식 구성 방법을 물어보거나, 복잡한 데이터 세트를 정리하는 최적의 접근 방법에 대한 조언을 구할 수 있다. 또한, Excel에서 자동화를 구현하는 방법에 대한 가이드나 팁을 제공받을 수도 있다. 이러한 지원을 통해 사용자는 Excel의 효율성을 높이고, 데이터 관리 및 분석 업무를 보다 쉽게 수행할 수 있다.

(1) 성적 데이터 입력 및 성적표 작성

엑셀을 모르는 학생이 간단한 데이터를 입력하고 이를 체계적으로 정리하는 방법을 ChatGPT를 이용하여 수행해 보자. 예를 들어 10명의 학생의 국어, 영어, 수학, 과학, 4과목의 성적을 생성해서, 다음으로 ChatGPT를 이용해서 엑셀에서 과목별 평균, 개인별 4과목의 평균 및 순위, 그리고 개인 과목별 학점을 계산해 보자. 과목별 점수에 따라 개인 학점은 다음과 같이 결정된다.

A+는 95점 이상, Ao는 90점 이상

B+는 85점 이상, Bo는 80점 이상

C+는 75점 이상, Co는 70점 이상

D+는 65점 이상, D0는 60점 이상

F는 60점 이하

이를 위해서 엑셀에서 학생 성적 데이터를 입력하고 분석하는 방법은 먼저, 엑셀에 A열에 학생 이름을, B부터 E열에 각각 국어, 영어, 수학, 과학 성적을 입력한다. 과목별 평균은 각 과목 열 아래에 =AVERAGE(B2:B21) 공식을 사용하여 계산한다. 개인별 평균은 각 학생의 행 마지막에 =AVERAGE(B2:E2)를 입력하고, 이를 모든 학생에 대해 적용한다. 순위는 =RANK(AVG, $AVG$2:$AVG$21, 0)를 사용는데, 여기서 AVG는 개인별 평균 셀을 의미한다. 학점은 =IF(B2>=95, "A+", IF(B2>=90, "Ao", ...)) 공식을 사용하여 각 과목별로 설정한다. 이 과정을 통해 학생들의 성적을 체계적으로 정리하고 분석할 수 있다.

【예제 6.1】 ChatGPT를 이용하여 10명 학생의 국어, 영어, 수학, 과학 성적을 50~100점 사이의 무작위 점수를 만들고, ChatGPT를 이용하여 엑셀에서 이 4과목의 점수로 성적표를 만들어 보자.

---

⑤ ChatGPT

✋ 엑셀을 전혀 모르는데 간단한 데이터를 입력하고 이를 체계적으로 정리할 수 있도록 도와줘. 먼저 10명의 학생의 국어, 영어, 수학, 과학, 4과목의 성적을 무작위로 생성해서 10명의 성적 데이터만 알려줘.

⑤ 알겠습니다. 10명의 학생의 국어, 영어, 수학, 과학 4과목의 성적을 무작위로 생성하여 제공하겠습니다:

학생	국어	영어	수학	과학
학생1	85	90	78	88
학생2	70	75	82	79
학생3	92	88	95	90
학생4	78	80	75	72
학생5	65	72	68	70
학생6	88	85	90	92
학생7	75	78	80	82
학생8	82	85	88	86
학생9	90	92	85	88
학생10	70	68	72	75

이러한 형태로 각 학생의 국어, 영어, 수학, 과학 성적이 표로 나타난다.

 이 4과목의 성적을 ChatGPT를 이용해서 엑셀에서 다음 과정이 진행되도록 구체적인 엑셀 함수와 방법을 단계별로 상세히 알려줘. 과목별 평균, 개인별 4과목의 평균, 그리고 개인 과목별 학점은 결정해줘. 학점은 각 개인 과목별 점수에 따라서 엑셀에서 IFS 함수를 이용해서, A+는 95점 이상, Ao는 90점 이상, B+는 85점 이상, Bo는 80점 이상, C+는 75점 이상, Co는 70점 이상, D+는 65점 이상, Do는 60점, F는 60점 이야. 이 과정을 단계별로 따라할 수 있도록 자세히 알려줘

엑셀에서 이러한 과정을 수행하기 위해서는 몇 가지 함수와 조건부 서식을 사용한다. 아래에서 요구 사항을 단계별로 구체적으로 설명하겠다:

1. 과목별 평균 계산하기:

각 과목의 평균을 구하기 위해 각 과목의 성적이 있는 열 아래에 평균을 계산할 셀을 선택한다. 예를 들어, 국어 과목의 평균을 구하려면 국어 성적이 있는 열 아래에 평균을 계산할 셀을 선택하고 다음 함수

를 입력한다:

=AVERAGE(B2:B11)

```scss
=AVERAGE(B2:B11)    // B2부터 B11까지의 평균
```

이를 영어, 수학, 과학 과목에 대해서도 동일하게 적용한다.

2. 개인별 4과목의 평균 계산하기:

각 학생의 4과목 성적의 평균을 구하기 위해 각 학생의 4과목 성적이 있는 행 옆에 평균을 계산할 셀을 선택한다. 예를 들어, 학생1의 4과목 평균을 구하려면 학생1의 성적이 있는 행 옆에 평균을 계산할 셀을 선택하고 다음 함수를 입력한다:

=AVERAGE(B2:E2)

```scss
=AVERAGE(B2:E2)    // B2부터 E2까지의 평균
```

나머지 학생에 대해서도 동일한 방법으로 평균을 계산한다.

3. 개인별 과목의 학점 부여하기:

각 학생의 과목별 성적을 기반으로 학점을 부여하기 위해 각 학생의 과목 성적이 있는 행 옆에 학점을 부여할 셀을 선택한다. 조건부 서식을 사용하여 학점을 부여할 수 있다. 예를 들어, 학점을 부여할 셀을 선택하고 다음과 같이 조건부 서식을 설정한다:

=IF(B3>=95, "A+", IF(B3>=90, "Ao", IF(B3>=85, "B+", IF(B3>=80, "Bo", IF(B3>=75, "C+", IF(B3>=70, "Co", IF(B3>=65, "D+", IF(B3>=60, "D0", "F")))))))))

```arduino
=IFS(B2>=95, "A+", B2>=90, "Ao", B2>=85, "B+", B2>=80, "
```

나머지 과목과 학생에 대해서도 동일한 방법으로 학점을 부여한다.

이러한 단계를 따라 수행하면 10명의 학생의 국어, 영어, 수학, 과학 4과목의 성적을 기반으로 과목별 평균, 개인별 4과목의 평균, 개인별 과목 학점, 그리고 학생들의 순위를 엑셀에서 체계적으로 정리할 수 있다.

✋ 이 과정을 엑셀에서 진행하고 그 결과를 보여줘

엑셀에서 요구 사항에 따라 과정을 진행하고 결과를 보여 주겠다. 다음은 엑셀에서의 작업 내용이다.

1. 데이터 입력: 학생의 성적 데이터를 엑셀 시트에 입력한다.
2. 과목별 평균 계산: 각 과목의 평균을 계산하여 아래쪽에 표시한다.
3. 개인별 4과목의 평균 계산: 각 학생의 4과목 성적 평균을 계산하여 각 학생의 옆에 표시한다.
4. 개인별 과목의 학점 부여: 각 학생의 과목별 성적에 대해 학점을 부여하고 조건부 서식을 적용한다.
5. 학생들의 순위 매기기: 각 학생의 평균 점수를 기반으로 순위를 매긴다.

이제 위의 단계를 따라 엑셀에서 요구 사항에 맞게 데이터를 정리하고 결과를 확인할 수 있다.

이러한 ChatGPT의 결과로는 엑셀을 모르면 이해할 수 없을 것이다. 이를 이해하기 위해서 추가적인 질문을 통해 원하는 답을 얻을 수 있도록 시도해 보자.

6.2 MS Copilot를 활용한 성적표 작성

Copilot를 이용하여 학생 10명의 국어, 영어, 수학, 과학 성적을 50~100점 사이의 무작위 점수를 만들고, Copilot를 이용하여 엑셀에서 이 4과목의 점수로 성적표를 만들어 보자. ChatGPT와 다른 결과를 얻을 수 있다.

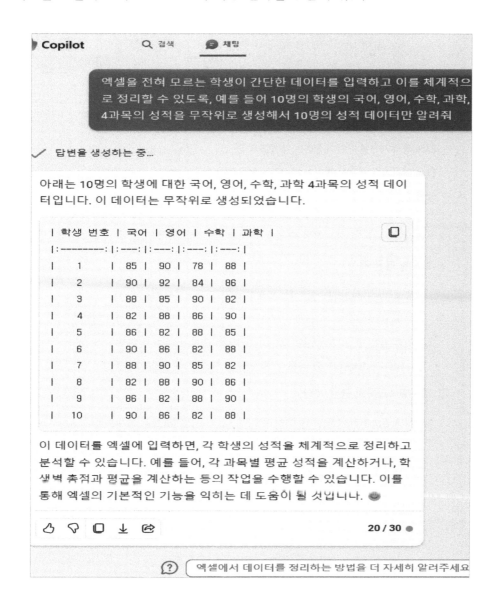

엑셀을 전혀 모르는 학생이 간단한 데이터를 입력하고 이를 체계적으로 정리할 수 있도록, 예를 들어 10명의 학생의 국어, 영어, 수학, 과학, 4과목의 성적을 무작위로 생성해서 10명의 성적 데이터만 알려줘

✓ 답변을 생성하는 중...

아래는 10명의 학생에 대한 국어, 영어, 수학, 과학 4과목의 성적 데이터입니다. 이 데이터는 무작위로 생성되었습니다.

학생 번호	국어	영어	수학	과학
1	85	90	78	88
2	90	92	84	86
3	88	85	90	82
4	82	88	86	90
5	86	82	88	85
6	90	86	82	88
7	88	90	85	82
8	82	88	90	86
9	86	82	88	90
10	90	86	82	88

이 데이터를 엑셀에 입력하면, 각 학생의 성적을 체계적으로 정리하고 분석할 수 있습니다. 예를 들어, 각 과목별 평균 성적을 계산하거나, 학생별 총점과 평균을 계산하는 등의 작업을 수행할 수 있습니다. 이를 통해 엑셀의 기본적인 기능을 익히는 데 도움이 될 것입니다. 😊

20 / 30

엑셀에서 데이터를 정리하는 방법을 더 자세히 알려주세요 추가적으로 Copilot에 질문을 해서 원하는 결과를 만들어 보자.

> 이 4과목의 성적을 ChatGPT를 이용해서 엑셀에서 다음 과정이 진행
> 되도록 구체적인 엑셀 함수와 방법을 단계별로 상세히 알려줘. 과목
> 별 평균, 개인별 4과목의 평균 및 순위, 그리고 개인별 과목의 학점
> (A+는 95점 이상, Ao는 90점 이상, B+는 85점 이상, Bo는 80점 이상,
> C+는 75점 이상, Co는 70점 이상, D+는 65점 이상, Do는 60점, F는 60
> 점 이하)으로 진행하는 과정을 자세히 알려줘

✓ **Excel에서 과목별 평균 계산하는 방법** 검색 중

✓ **Excel에서 개인별 4과목의 평균 계산하는 방법** 검색 중

✓ **Excel에서 개인별 순위 계산하는 방법** 검색 중

✓ **Excel에서 개인별 과목의 학점 계산하는 방법** 검색 중

✓ 답변을 생성하는 중...

네, 엑셀에서 성적을 계산하는 방법을 단계별로 설명해드리겠습니다.

1. **과목별 평균 계산**:

   ○ 엑셀에서 `AVERAGE` 함수를 사용하여 각 과목별 평균을 계산할
   수 있습니다 [1].

   ○ 예를 들어, E3부터 E14까지의 셀에 각 과목의 점수가 있다면,
   `=AVERAGE(E3:E14)` 를 사용하여 평균을 계산할 수 있습니다 [1].

2. **개인별 4과목의 평균 계산**:

   ○ 개인별 4과목의 평균을 계산하려면, 해당 학생의 4과목 점수가
   있는 셀 범위에 `AVERAGE` 함수를 사용하면 됩니다 [2].

   ○ 예를 들어, 학생 A의 4과목 점수가 B2부터 B5까지의 셀에 있다
   면, `=AVERAGE(B2:B5)` 를 사용하여 평균을 계산할 수 있습니다
   [2].

이후에 대해서는 텍스트로 정리하면 다음과 같다.

엑셀에서 성적을 계산하는 방법을 단계별로 설명하겠다.

1. 과목별 평균 계산:
- 엑셀에서 'AVERAGE' 함수를 사용하여 각 과목별 평균을 계산할 수 있다.
- 예를 들어, E3부터 E14까지의 셀에 각 과목의 점수가 있다면, '=AVERAGE(E3:E14)'를 사용하여 평균을 계산할 수 있다.

2. 개인별 4과목의 평균 계산:
- 개인별 4과목의 평균을 계산하려면, 해당 학생의 4과목 점수가 있는 셀 범위에 'AVERAGE' 함수를 사용한다.
- 예를 들어, 학생 A의 4과목 점수가 B3부터 E3까지의 셀에 있다면, '=AVERAGE(B3:E3)'를 사용하여 평균을 계산할 수 있다.

3. 개인별 과목의 학점 계산:
- 학점을 계산하기 위해서는 'IF' 함수를 사용하여 각 점수 범위에 따른 학점을 할당할 수 있다.
- 예를 들어, 학생 A의 한 과목 점수가 B2 셀에 있다면, 다음과 같은 함수를 사용하여 학점을 계산할 수 있다:

```
=IF(B3>=95, "A+", IF(B3>=90, "Ao", IF(B3>=85, "B+", IF(B3>=80, "Bo",
IF(B3>=75, "C+", IF(B3>=70, "Co", IF(B3>=65, "D+", IF(B3>=60, "Do",
"F")))))))))
```

- 이 함수는 점수가 95점 이상이면 "A+", 90점 이상이면 "Ao", 85점 이상이면 "B+", 80점 이상이면 "Bo", 75점 이상이면 "C+", 70점 이상이면

"Co", 65점 이상이면 "D+", 60점 이상이면 "D0", 그 외의 경우에는 "F"를 반환한다.

이러한 방법을 사용하면 엑셀에서 성적을 계산하고 학점을 할당하는 과정을 자동화할 수 있다. 이 과정을 반복하여 모든 학생과 과목에 대한 계산을 완료할 수 있다. 이때 각 함수의 범위는 실제 데이터에 따라 조정해야 한다.

6.3 엑셀에서 성적표를 작성하기

위에서 ChatGPT와 Copilot이 알려준 방법대로 엑셀에서 그대로 진행해 보자.

1. 엑셀 데이터 만들기:

생성된 10명의 데이터를 복사한 후 엑셀에 붙여넣기 한다.

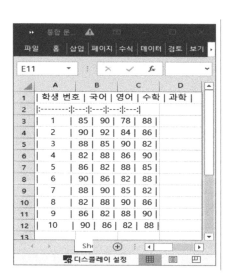

2행의 기호는 지워도 된다.

2. 텍스트 데이터 나누기:

붙여넣기 한 데이터는 각 행에 하나의 셀에 여러 개의 데이터가 있으므로, A 열을 선택하고, 메뉴에서 "데이터>텍스트 나누기"를 선택한다.

3. 각 셀별 데이터로 변경하기:

텍스트 나누기를 클릭하고 "구분 기호로 분리됨" 유형을 선택해 다음을 누른다. 다음으로 구분 기호에서 "기타"를 선택하고 빈칸에 "|"를 입력한다.

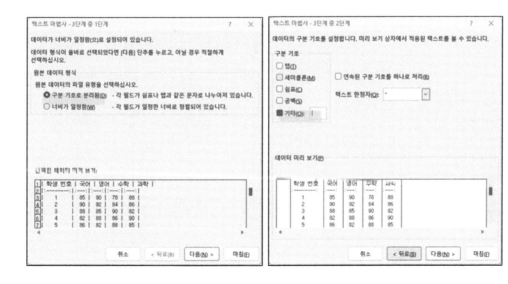

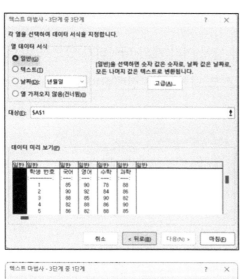

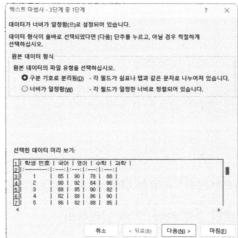

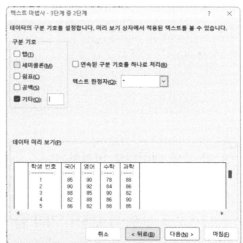

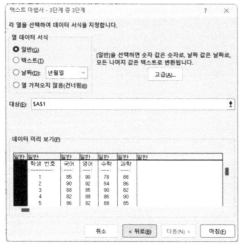

4. 과목별 평균 계산:

각 과목별로 맨 아래 셀에 '=AVERAGE(B3:B14)'를 사용해 평균을 계산한다.

국어의 맨 아래 셀에 함수를 넣은 후에 복사하고, 나머지 세 과목의 아래 셀을
선택한 후 붙여넣기를 수행하면 과목별 평균이 계산된다.

5. 개인별 4과목의 평균 계산:

각 학생별 점수의 맨 오른쪽 셀에 '=AVERAGE(B3:E3)'를 사용해 평균을 계
산한다.

6. 개인별 과목의 학점 계산:

학점을 계산하려면 'IF' 함수를 사용하여 각 점수 범위에 따른 학점을 할당한다.

=IF(B3>=95, "A+", IF(B3>=90, "Ao", IF(B3>=85, "B+", IF(B3>=80, "Bo",
IF(B3>=75, "C+", IF(B3>=70, "Co", IF(B3>=65, "D+", IF(B3>=60, "Do",
"F"))))))))

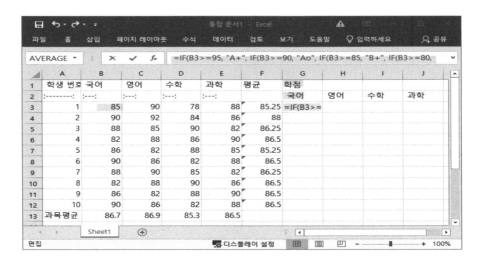

G3 셀의 수식을 입력한 후 복사해서 나머지 셀에 붙여넣기를 수행한다.

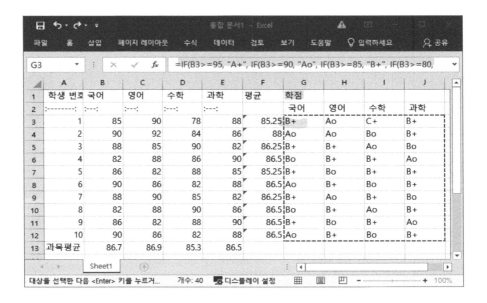

7

ChatGPT
수업에서 바로 써먹는
컴퓨터 및 AI 활용

ChatGPT를
활용한 외국어 학습

ChatGPT를 활용하여 외국어 학습을 진행하는 방법은 다양하며, 여러 장점과 함께 주의해야 할 문제점도 존재한다. 이를 통해 어학 공부를 효율적으로 할 수 있는 방법을 아래와 같이 소개한다.

(1) ChatGPT 외국어 학습의 특징

1. **기본 문장 구조 및 어휘 학습:** ChatGPT에 특정 문장이나 단어의 사용법을 물어보며, 예문을 통해 어휘력과 문장 구성 능력을 향상시킬 수 있다.
2. **대화 연습:** 특정 상황을 설정하고 ChatGPT와의 대화를 통해 실제 대화 능력을 향상시킬 수 있다. 이는 대화형 언어 학습에 매우 효과적이다.
3. **문법 설명 및 질문:** 문법 규칙에 대한 설명을 요청하거나 특정 문법 현상에 대한 질문을 함으로써 언어의 구조적 이해를 돕는다.
4. **작문 및 수정 요청:** 짧은 글이나 문장을 작성한 후 ChatGPT에 교정을 요청하여 언어 사용의 정확성을 높일 수 있다.

(2) ChatGPT 외국어 학습의 및 장단점

1) 학습의 장점
   - **접근성:** 언제 어디서나 쉽게 외국어 연습이 가능하다.
   - **다양성:** 다양한 주제와 상황에 대한 대화 연습이 가능하다.
   - **즉각적인 피드백:** 작성한 문장의 오류를 바로 확인하고 수정할 수 있다.

- **맞춤형 학습:** 사용자의 질문에 맞춘 개인화된 학습이 가능하다.

2) 학습의 문제점
- **한정된 상호작용:** 실제 인간과의 대화와는 다른, 한정된 상호작용을 제공한다.
- **오류 가능성:** ChatGPT도 오류를 범할 수 있으므로 학습 내용에 대한 외부 검증이 필요하다.
- **문화적 뉘앙스 부족:** 언어에 내재된 문화적 뉘앙스나 비언어적 커뮤니케이션을 완전히 포착하지 못할 수 있다.

(3) 효율적인 어학 공부 방법

1. **다양한 학습 자료 활용:** ChatGPT와의 학습을 보완하기 위해 실제 대화, 영화, 음악, 책 등 다양한 매체를 통한 언어 노출을 권장한다.
2. **정기적인 복습:** 학습한 내용을 정기적으로 복습하여 장기 기억으로 전환하는 것이 중요하다.
3. **언어 교환 파트너:** 실제 원어민과의 언어 교환을 통해 실전 대화 능력을 키운다.
4. **문화적 노출:** 해당 언어가 사용되는 국가의 문화, 역사, 사회에 대해 배워 언어 이해의 폭을 넓힌다.

ChatGPT와 같은 AI 도구를 활용하는 것은 외국어 학습에 있어 유용한 보조 수단이 될 수 있다. 그러나 가장 효과적인 학습을 위해서는 다양한 학습 방법과 자료를 병행하는 것이 좋다.

7.1 외국어 학습을 프롬프트 작성

외국어 학습을 위한 프롬프트를 작성할 때는 학습 목표에 따라 명확하고 구체적인 질문이나 요청을 포함시키는 것이 중요하다. 이를 통해 ChatGPT와 같은 AI가 더 정확하고 유용한 답변을 제공할 수 있도록 돕는다. 다음은 외국어 학습 프롬프트 작성 방법과 예시이다.

(1) 프롬프트 작성 방법

1. **학습 목표 명시:** 학습하고자 하는 구체적인 언어 스킬(어휘, 문법, 발음, 대화 연습 등)을 명시한다.
2. **상황 설정:** 대화 연습이나 문장 구성 시 특정 상황이나 맥락을 설정하여 상황에 맞는 언어 사용을 요청한다.
3. **난이도 지정:** 자신의 언어 수준에 맞는 난이도를 요청하거나 단계적 학습을 위한 난이도 조절을 요구한다.
4. **구체적 질문:** 가능한 한 구체적으로 질문하거나 요청하여 AI가 명확한 답변을 제공할 수 있도록 한다.
5. **피드백 요청:** 작성한 문장이나 대화에 대한 피드백을 요청하여 언어 사용의 정확성을 검증받는다.

(2) 프롬프트 예시

1. **어휘 학습:** "영어로 '행복'과 관련된 어휘 10개와 그 예문을 제공해줘."
2. **문법 연습:** "과거 완료 시제를 사용하는 프랑스어 문장 5개를 만들어줘. 각

문장에 대한 간단한 설명도 포함시켜줘."

3. **대화 연습:** "영어로 카페에서 커피를 주문하는 상황 대화를 만들어줘. 나는 바리스타이고, 상대방은 손님이야."

4. **발음 연습:** "일본어 'ありがとう(ありがとう)'의 정확한 발음을 영어 발음으로 표기해줘."

5. **문화 이해:** "중국의 전통 축제 중 하나를 설명해줘. 그 축제에서 사용되는 특별한 표현이나 인사말도 알려줘."

이러한 프롬프트는 ChatGPT를 활용한 외국어 학습을 보다 목적에 맞게, 효율적으로 진행할 수 있도록 돕는다. 학습자의 수준과 필요에 따라 프롬프트를 조정하여 사용하면 좋다.

【예제 7.1】위의 프롬프트 예시 중에서 "어휘 학습"의 예제를 ChatGPT에서 요청하고, 그 결과를 이용해서 학습해 보자.

⑤ ChatGPT

✊ **영어로 '행복'과 관련된 어휘 10개와 그 예문을 제공해줘**

⑤ 영어로 '행복'과 관련된 어휘와 그 사용 예문을 아래에 제시한다.

1. Joy – 큰 기쁨

   Example: "The birth of her daughter filled her with joy."

2. Happiness – 행복

   Example: "Pursuing happiness is considered a fundamental human goal."

3. Contentment – 만족

   Example: "He found contentment in living a simple life."

4. Bliss – 더 없는 행복

Example: "Their first kiss was a moment of pure bliss."

5. Delight – 큰 즐거움

Example: "The child's laughter was a delight to hear."

6. Pleasure – 즐거움

Example: "She took great pleasure in painting landscapes."

7. Fulfillment – 성취감

Example: "He achieved fulfillment through his volunteer work."

8. Elation – 황홀, 대단한 기쁨

Example: "She felt a sense of elation when she reached the mountain's summit."

9. Satisfaction – 만족감

Example: "Finishing the project on time brought her immense satisfaction."

10. Well-being – 웰빙, 안녕

Example: "Meditation contributes to emotional and physical well-being."

이러한 단어들은 '행복'과 관련된 다양한 감정이나 상태를 표현할 때 사용될 수 있다. 각 단어는 행복의 미묘한 차이를 나타내며 다양한 문맥에서 활용될 수 있다.

【예제 7.2】위의 프롬프트 예시 중에서 "대화 연습"의 예제를 ChatGPT에서 요청하고, 그 결과를 이용해서 학습해 보자.

ChatGPT

✋ 영어로 카페에서 커피를 주문하는 상황 대화를 만들어줘. 나는 바리스타이고, 상대방은 고객이야.

Barista: "Hi there! What can I get for you today?"

Customer: "Hello! I'll have a regular Americano, please."

Barista: "Sure thing. One regular Americano coming up. Would you like it hot?"

Customer: "Yes, please, hot."

Barista: "Great. One hot Americano it is. Will you be enjoying it here or taking it to go?"

Customer: "I'll be enjoying it here."

Barista: "Got it. For here it is. Here's your order, one regular Americano. You can pay here, and I'll start making it for you right away."

Customer: "Thank you."

Barista: "You're welcome. Enjoy your time here!"

✋ 이 대화 내용을 영어 문장 다음에 한글로 번역해서 함께 만들어줘.

Barista: "Hi there! What can I get for you today?"
고객: "안녕하세요! 오늘 무엇을 주문하시겠어요?"

Customer: "Hello! I'll have a regular Americano, please."
고객: "안녕하세요! 레귤러 아메리카노 한 잔 주세요."

Barista: "Sure thing. One regular Americano coming up. Would you like it hot?"
고객: "네, 따뜻한 걸로 주세요."

Barista: "Great. One hot Americano it is. Will you be enjoying it here or taking it to go?"
고객: "매장에서 드시겠어요."

Barista: "Got it. For here it is. Here's your order, one regular Americano. You can pay here, and I'll start making it for you right away."
고객: "감사한다."

Barista: "You're welcome. Enjoy your time here!"
고객: "고마워요. 즐거운 시간 보내겠습니다!"

무료 버전 ChatGPT-3.5에서 번역한 내용이 오류가 있어 ChatGPT-4로 다시 실행한 결과는 다음과 같다.

⑤ ChatGPT

👆 아래 대화 내용을 각 줄의 영어 문장을 한글로 번역해서 영어와 한글로 만들어줘.
Barista: "Hi there! What can I get for you today?"
Customer: "Hello! I'll have a regular Americano, please."
Barista: "Sure thing. One regular Americano coming up. Would you like it hot?"
Customer: "Yes, please, hot."

Barista: "Great. One hot Americano it is. Will you be enjoying it here or taking it to go?"

Customer: "I'll be enjoying it here."

Barista: "Got it. For here it is. Here's your order, one regular Americano. You can pay here, and I'll start making it for you right away."

Customer: "Thank you."

Barista: "You're welcome. Enjoy your time here!"

⑤ Barista: "Hi there! What can I get for you today?"

바리스타: "안녕하세요! 오늘 뭐 드릴까요?"

Customer: "Hello! I'll have a regular Americano, please."

고객: "안녕하세요! 보통 사이즈 아메리카노 주세요."

Barista: "Sure thing. One regular Americano coming up. Would you like it hot?"

바리스타: "알겠습니다. 보통 사이즈 아메리카노 한 잔 나갑니다. 뜨거운 걸로 드릴까요?"

Customer: "Yes, please, hot."

고객: "네, 뜨거운 걸로요."

Barista: "Great. One hot Americano it is. Will you be enjoying it here or taking it to go?"

바리스타: "좋다. 뜨거운 아메리카노 한 잔이요. 여기에서 드실 건가요, 아니면 가져가실 건가요?"

Customer: "I'll be enjoying it here."

고객: "여기에서 마실 거예요."

Barista: "Got it. For here it is. Here's your order, one regular Americano. You can pay here, and I'll start making it for you right away."

바리스타: "알겠습니다. 여기에서 드시겠다고요. 주문하신 보통 사이즈 아메리카노 여기 있다. 여기서 결제하시면 바로 만들어 드릴게요."

Customer: "Thank you."

고객: "감사한다."

Barista: "You're welcome. Enjoy your time here!"

바리스타: "천만에요. 여기서 즐거운 시간 보내세요!"

7.2 ChatGPT를 활용한 영어회화의 실전 연습

ChatGPT를 활용한 영어회화 학습은 실시간으로 대화하며 언어 능력을 향상시키는 효과적인 방법 중 하나이다. 여기 몇 가지 방법과 실전 연습 예시를 제공한다.

(1) 영어회화 학습 방법

1. **일상 대화 연습하기:** 다양한 일상적 상황을 설정하고 ChatGPT와 대화를 시도해보라. 예를 들어 카페에서 주문하는 상황, 친구와의 약속 잡기 등을 연습할 수 있다.

2. **새로운 표현 학습하기:** 특정 상황에서 사용할 수 있는 새로운 표현이나 유용한 문장을 요청하라. ChatGPT는 다양한 예문과 함께 새로운 어휘를 소개할 수 있다.

3. **문법 질문하기:** 영어 문법에 관한 질문을 하거나 특정 문법 규칙을 사용한 예문을 요청하라. 이를 통해 문법 지식을 심화시킬 수 있다.

4. **발음 연습하기:** 발음에 대한 설명을 요청하고 해당 단어나 문장을 큰 소리로 반복 연습하라. ChatGPT는 발음 가이드를 제공할 수 있다.

5. **피드백 요청하기:** 작성한 영어 문장이나 대화를 ChatGPT에 보여주고 피드백을 요청하라. 언어 사용의 정확성을 검증받을 수 있다.

(2) 영어회화의 실전 연습 예시

상황: 공항에서 체크인을 하는 상황을 가정한다.

1. **사용자:** "Hi, I need to check in for my flight to New York."
   - **번역:** "안녕하세요, 뉴욕행 비행기로 체크인하고 싶어요."
2. **ChatGPT:** "Sure, may I have your passport and the ticket, please?"
   - **번역:** "네, 여권과 티켓을 주시겠어요?"
3. **사용자:** "Here they are. Do I need to pay any extra baggage fees?"
   - **번역:** "여기 있어요. 추가 수하물 요금을 내야 하나요?"
4. **ChatGPT:** "Let me check your baggage weight. No, your baggage is within the allowed limit."
   - **번역:** "수하물 무게를 확인해 보겠습니다. 아니요, 귀하의 수하물은 허용 범위 내에 있다."
5. **사용자:** "Great, could I get an aisle seat, please?"

- **번역**: "좋아요, 복도 쪽 좌석을 받을 수 있을까요?"
6. **ChatGPT**: "I have arranged an aisle seat for you. Here's your boarding pass."
   - **번역**: "복도 쪽 좌석을 준비해 드렸습니다. 여기 탑승권이 있다."

이러한 대화 연습을 통해 실제 상황에서 사용할 수 있는 영어 표현을 익히고, 자신감을 높일 수 있다. ChatGPT와의 연습은 언제 어디서나 가능하므로 일상에서 자주 접할 수 있는 다양한 상황을 설정해 보며 연습하는 것이 좋다.

7.3 영어회화를 위한 프롬프트 예시

ChatGPT를 이용해 영어회화를 효율적으로 학습하기 위한 프롬프트를 작성할 때는 구체적이고 상황 기반의 접근 방식을 사용하는 것이 중요하다. 이를 통해 실제 대화 상황에서 사용할 수 있는 언어 능력을 개발할 수 있다. 다음은 프롬프트 작성 방법과 그에 따른 예시이다.

(1) 프롬프트 작성 방법

1. **상황 설정하기**: 대화를 진행할 구체적인 상황을 설정한다. 실생활에서 발생할 수 있는 시나리오를 선택하면 더 실용적인 대화 연습이 가능하다.
2. **목표 정하기**: 대화를 통해 달성하고자 하는 목표를 명확히 한다. 예를 들어 특정 문법 구조 사용하기, 새로운 어휘 학습하기 등이 될 수 있다.

3. **질문 형식 사용하기:** ChatGPT에 질문을 하거나 특정 응답을 요청하는 형식으로 프롬프트를 작성한다. 이를 통해 대화가 자연스럽게 이어지도록 한다.

4. **피드백 요청하기:** 작성한 문장이나 대화에 대한 피드백을 요청하는 내용을 포함한다. 이를 통해 언어 사용의 정확성을 높일 수 있다.

(2) 프롬프트 예시

1. **상황 설정:** 카페에서 커피 주문하기

   [프롬프트] "I'm at a cafe and want to order a coffee in English. Can you provide me with different ways to order a coffee, and also correct my sentences if I make mistakes?"

2. **목표 정하기:** 과거 시제 사용 연습

   [프롬프트] "I want to practice using the past tense in English. Can we have a conversation where I talk about my day yesterday, and you correct my sentences and provide suggestions?"

3. **질문 형식 사용하기:** 여행 계획 논의하기

   [프롬프트] "I'm planning a trip to Cambodia and discussing it with a friend in English. Can you play the role of my friend and ask me questions about my travel plans?"

4. **피드백 요청하기:** 자기소개 수정 및 피드백 받기

   [프롬프트] "I wrote a short paragraph introducing myself in English. Can you review it and provide feedback on how to make it sound more natural?"

이러한 방법으로 프롬프트를 작성하면 ChatGPT를 활용해 영어회화 능력을 효율적으로 개발할 수 있다. 각각의 상황과 목표에 맞춰 다양한 연습을 진행하며, 실제 대화에서 필요한 언어 스킬을 향상시킬 수 있다.

【예제 7.3】 위의 프롬프트 예시 중에서 "여행 계획 논의하기"의 예제를 ChatGPT에서 요청하고, 그 결과를 이용해서 학습해 보자.

---

⑤ ChatGPT

✋ I'm planning a trip to Cambodia and discussing it with a friend in English. Can you play the role of my friend and ask me questions about my travel plans?

⑤ Absolutely, I'd love to help you practice. Let's start our conversation about your upcoming trip to Cambodia.

1. "That sounds exciting! When are you planning to go to Cambodia?"
2. "Have you decided which cities or places you're going to visit there?"
3. "Are you going to explore Angkor Wat? I've heard it's a must-see!"
4. "How long do you plan to stay in Cambodia?"
5. "What kind of accommodations are you looking into? Hotels, hostels, or something else?"
6. "Do you have any specific activities or experiences you're looking forward to in Cambodia?"
7. "How are you preparing for the trip? Do you need to get any vaccinations or visas?"

---

8. "Are you planning to try any local Cambodian dishes? I've heard their cuisine is amazing."
9. "Who are you going with, or are you planning to travel solo?"
10. "Do you have a budget set for your trip? How are you planning to manage your expenses while traveling?"

Feel free to answer any of these questions, and we can continue our discussion from there!

【실습과제 7.1】 먼저 간략하게 한글로 자기 소개서를 작성하고 ChatGPT를 이용해 영어로 번역한다. 그리고 위의 프롬프트 예시 중에서 "자기소개 수정 및 피드백 받기"의 프롬프트를 ChatGPT에서 요청해서 각자가 원하는 영문 자기소개서를 간단히 완성해 보자.

7.4 모바일 ChatGPT를 활용한 영어회화

디지털 시대에는 최신 뉴스를 계속 업데이트하는 것이 중요하지만, 정보의 압도적인 흐름과 양이 이것을 어렵게 만든다. 따라서 ChatGPT를 이용해 신문을 찾고 요약하는 것이다. 이 인공지능을 사용하는 큰 장점 중 하나는 기사들의 하나 이상의 관점을 알려줌으로써 잘못된 정보를 걸러내고 편견을 수정하는 것을 도울 수 있다는 것이다. 아래는 이 시스템을 설치, 음성 명령 프롬프트, 정보를 효율적으로 유지하기 위해 ChatGPT의 기능을 사용하는 것을 알려줄 것이다.

이 단원이 끝날 때까지 다음을 수행할 수 있어야 한다:
1. 모바일 장치의 마이크에 ChatGPT를 통합하는 기본 원리를 이해
2. ChatGPT를 트리거하도록 음성 활성화 명령을 구성
3. ChatGPT를 사용하여 음성 명령을 사용하여 뉴스 기사를 찾고 요약
4. 뉴스 요약을 해석하고 사용자 정의하는 모범 사례를 적용

(1) ChatGPT 설정

1) 요구사항(Requirements)

- 마이크 설정이 가능한 핸드폰 (애플/안드로이드),
- ChatGPT 설치 및 마이크 셋팅 완료

2) Configuration Steps

1. 왼쪽 상단의 위치한 두 줄 아이콘을 누른다.
2. 오른쪽 하단 세 점 아이콘을 눌러 설정에 들어간다.
3. 세팅에 들어갔으면, "Custom Instructions"을 클릭한다. 아래쪽 텍스트 칸이 비워져 있도록 확인하여 새로운 프롬프트를 작성한다. 아니라면 지워준다.'

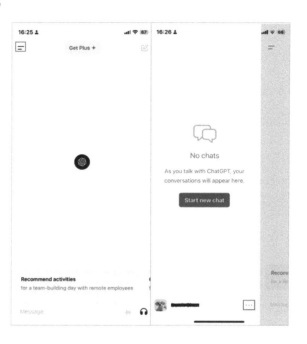

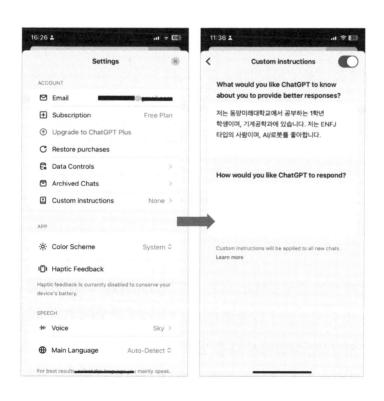

(2) 모바일 ChatGPT로 영어회화 연습하기

ChatGPT는 사용자가 원하는 프롬프트에 따라 자연스러운 대화를 생성하는 데 도움을 주는 좋은 도구이다. 이 섹션에서는 영어회화 능력 향상을 위해 ChatGPT를 사용하는 방법과 프롬프트를 어떻게 설정해야 하는지 살펴보자.

1. ChatGPT를 사용하여 영어회화 및 스피킹 능력을 향상시킬 수 있는 방법을 이해
2. 효과적인 프롬프트를 작성하여 ChatGPT를 최적화하는 방법을 찾는다.
3. ChatGPT와 함께 연습하면서 발음이나 문법 오류를 인식하고 수정하는 능력을 개발
4. 프롬프트를 조정하고 개선하여 사용자의 요구에 맞는 더 나은 모델을 만드는 방법을 이해

이러한 내용을 통해 ChatGPT를 활용하여 자신의 영어회화 능력을 향상시킬 수 있다.

1) 프롬프트 설정하기

두 번째 공간에는 ChatGPT가 어떻게 답변하고 싶은지 프롬프트를 설정하는 것입니다. 영어회화를 위한 프롬프트는:

나는 한국에 사는 한국인이고, 너는 전문 영어강사야. 나는 영어로 원어민처럼 대화해보고 싶어. 지금부터 나에게 영어로 원어민처럼 대화하는 법을 가르쳐줘. 네가 영어로 일상적인 대화에서 나올 법한 질문을 주면 내가 영어로 답변을 해볼게. 그럼 내 답변을 듣고 어떻게 더 잘 말할 수 있었을지 자세히 알려줘. 영어 예

시도 같이 줘 봐. 부드럽고, 친절하며 간결하게 답변해 주길 바래. 되도록이면 예시들을 제외하고는 한국어로 설명해줘.

이렇게 설정된 후, 바로 헤드셋 아이콘을 클릭해 질문, 대화를 시작하면 된다.

2) ChatGPT 첫 명령:

"오늘 영어 수업을 시작해볼까?"를 말해 대화를 시작한다.

TIP: 어떻게 말하든 상관없다. "영어 수업"이라는 핵심 단어가 들어가고, 천천히 똑박똑박 말한다면 ChatGPT가 잘 알아들을 수 있다.

3) ChatGPT 활용

대화 예시

Q: "WHAT'S YOUR FAVORITE HOBBY, AND WHY DO YOU ENJOY

IT?"

Q: 제일 좋아하는 취미가 무엇이고, 왜 좋아하는 지 설명해 주세요.

MY ANSWER: "My favorite hobby is to create YouTube contents and share it to my subscribers. I like it because I can connect with them."

나의 답변: "제가 제일 좋아하는 취미는 유튜브 콘텐츠들을 만들어서 올리는 것을 좋아해요. 왜냐하면 구독자 분들과 소통할 수 있거든요."

ChatGPT: "That's a great response. But, you could add more details to make it sound even more natural. For example: My favorite hobby is creating YouTube contents. I really enjoy sharing my videos with my subscribers because it allows me to connect with people who have similar interests and passions. 이렇게 말하면, 당신의 취미에 대한 열정과 그 이유가 더 자연스럽고 설득력 있게 들릴 거예요. 다음 질문에 도전해 보시겠어요?"

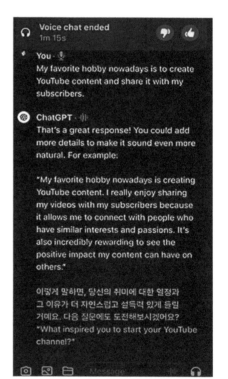

이렇게 연습 후, ChatGPT가 자동으로 글로 변환하여, 다시 리뷰할 수 있도록 해줍니다. 내가 어떻게 말했고, ChatGPT가 어떻게 수정했는지 다시 확인할 수 있습니다.

4) ChatGPT "디버깅" 및 개선

연습을 하다 보면, 가끔씩 ChatGPT가 잘못 인식하거나 프롬프트의 어떤 부분들을 빼먹을 때가 있다. 아니면 ChatGPT에 더 추가하고 싶은 조건이 있을 경우, 프롬프트의 길이, 구체성, 어투(tone) 등을 고쳐서 사용한다.

가장 효율적인 프롬프트:

• 300단어 미만 (너무 길면, chatGPT가 아래 있는 내용들을 잘 못 읽을 수 있다)

• 처음 문장은 내가 누구고, 너(ChatGPT)가 누구인지 꼭 써야한다.

• **이렇게 쓰면 좋다:** 소개 à ChatGPT의 전체 목적/기능 à ChatGPT의 어투(Tone) à 꼭 지켜야 할 것들(목적과 다른 중요한 명령들)

   – 소개, 목적/기능, 어투는 고정되야 한다. 건들지 말아야 한다. 오직 "꼭 지켜야 할 것들"만 수정하고 추가한다.

   – 위에 "꼭 지켜야 할 것은" 계속 테스팅하다보면 ChatGPT가 잘못한 점들을 알 수 있다. 그런 것들을 적으면 된다.

예시 1) 영어회화 + 스피킹 발음이나 문법 실수를 고치는 ChatGPT:

나는 한국에 사는 한국인이고, 너는 전문 영어강사야. 나는 영어로 원어민처럼 대화해보고 싶어. 지금부터 나에게 영어로 원어민처럼 대화하는 법을 가르쳐줘. 그럼 내 답변을 듣고 어떻게 더 잘 말할 수 있었을지 자세히 알려줘. 영어 예시도 같이 줘 봐.

네가 영어로 일상적인 대화에서 나올법한 질문을 주면 내가 영어로 답할 거야. 질문할 때에는 둘다 한국어와 영어로 질문해줘.

부드럽고, 친절하며 간결하게 답변해 주길 바래.

되도록이면 예시들을 제외하고는 한국어로 설명해줘. 그리고 영어로 이상한 발음이나 문법 오류가 있으면 알려주고 어떻게 고칠 수 있는지 천천히 알려줘.

그리고 꼭 영어로 말하라고 얘기해줘.

ChatGPT와 마이크를 사용하면 영어강사 필요 없이 혼자서 영어회화 연습을 할 수 있다. 또한, 프롬프트를 계속 수정해 가면서 기능을 추가하거나, 에러를 고쳐 ChatGPT 영어 연습을 더욱 편리하고 유용하게 만든다.

핵심 내용
- ChatGPT에 좋은 프롬프트를 쓸 수 있다.
- ChatGPT와 영어 대화가 유창하게 된다.
- 프롬프트를 잘 수정하여 더 좋은 모델을 만들 수 있다.

7.5　모바일 ChatGPT로 뉴스기사 요약

이 섹션에서는 ChatGPT를 활용하여 최신 뉴스를 요약하고 해석하는 방법을 다룬다. ChatGPT를 이용하면 사용자가 원하는 주제의 뉴스를 간편하게 검색하고 중요한 내용을 요약하여 제공받을 수 있다. 이를 통해 사용자는 효율적으로 최신 소식을 접하고 시간을 절약할 수 있다.

1. ChatGPT를 사용하여 최신 뉴스를 요약하는 방법을 이해
2. 적절한 프롬프트를 작성하여 ChatGPT와 효율적으로 상호작용하는 방법을 얻음.
3. 음성 명령을 통해 ChatGPT를 활성화하고 최신 뉴스를 요약하는 방법을 익힘.

4. 요약된 뉴스의 신뢰성과 관련성을 높이기 위해 출처 확인과 내용 맞춤화의 중요성을 이해

위의 내용을 통해 ChatGPT를 활용하여 뉴스를 손쉽게 요약하고 해석할 수 있으며, 이를 통해 더욱 효율적으로 최신 정보를 확보할 수 있다.

(1) 프롬프트 설정하기

두 번째 텍스트 칸을 눌러 아래와 같이 예시 프롬프트를 작성해 준다:

Layout:

나는 [직업, 환경, 나라]에 사는 사람이야. 나는 [주제에] 관련된 뉴스들에 대해 알고 싶어. 지금부터 나에게 최신 뉴스들을 검색하고 정리해서 나에게 간단하게 요약해줘. 최신 뉴스들을 중요도 순으로 정리해 주고, 기사 제목과 중요한 이유를 간단하게 설명해줘. 가장 중요한 기사 5개만 알려줘. 깔끔하고 센스 있게 요약해 주길 바래. 한국어로 설명해줘.

Example:

나는 학생이고, 대한민국에 사는 사람이야. 나는 AI의 발전 관련된 뉴스들에 대해 알고 싶어. 지금부터 나에게 최신 뉴스들을 검색하고 정리해서 나에게 간단하게 요약해줘. 최신 뉴스들을 중요도 순으로 정리해 주고, 기사 제목과 중요한 이유를 간단하게 설명해줘. 가장 중요한 기사 5개만 알려줘. 깔끔하고 센스 있게 요약해 주길 바래. 한국어로 설명해줘.

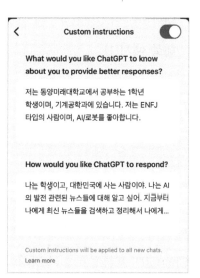

(2) ChatGPT 첫 명령

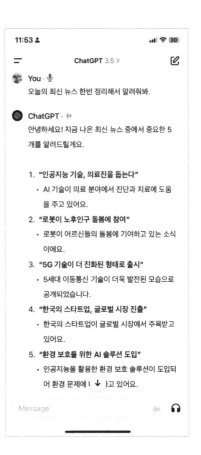

"오늘의 최신 뉴스 한번 정리해서 알려줘봐"
를 마이크를 통해 ChatGPT를 활성화한다.

다른 예시들:

- 오늘 뉴스 알려줘.
- 최신 뉴스 정리해줘
- [주제] 대해서 뉴스 있어?
- Etc.

(3) Best Practices for News Summaries

(4) ChatGPT 회화 활용하기

대화하듯이 ChatGPT에 말하고, 명령을 내려주면 된다.
대화 예시 1)

(5) 요약본 검증및 구체화

ChatGPT를 처음 시켜 봤을 때 많은 경우로, 너무 뻔한 내용을 주거나 어느 기사에서 가져왔는지 설명 안 해줄 때가 많다. 그래서 계속 테스팅하면서 ChatGPT 프롬프트를 수정해야 한다.

ChatGPT와 마이크를 활용하면 최신 뉴스를 핸즈프리로 업데이트할 수 있다. 음성만으로도 신문을 효율적으로 검색하고 요약할 수 있으므로 속도가 빠른 우리 세상에서 그 어느 때보다 쉽게 정보를 얻을 수 있다.

핵심 내용
- 마이크 통합 기능이 있는 모바일 ChatGPT은 뉴스 요약에 쉽게 접근할 수 있다.
- 음성 명령, 프롬프트를 잘 작성해 ChatGPT과 효율적이고 핸즈프리한 상호작용을 가능하게 한다.
- 신뢰할 수 있고 관련성 있는 뉴스 정보를 얻기 위해서는 출처를 확인하고 요약을 맞춤화하는 것이 중요하다.

7.6 ChatGPT로 일기 쓰기

이 섹션에서는 ChatGPT를 활용하여 일기를 작성하는 방법을 다룬다. ChatGPT를 이용하면 사용자는 자신의 일상을 기록하고 기억을 남기는 일기를 쉽게 작성할 수 있다. ChatGPT는 사용자와의 대화를 통해 질문을 제시하고 사용자의 답변을 기반으로 일기를 작성한다.

1. ChatGPT를 사용하여 일기를 작성하는 방법을 이해
2. 적절한 프롬프트를 작성하여 ChatGPT와 효율적으로 상호작용하는 방법을 습득

3. 사용자의 답변을 기반으로 일기를 작성하는 ChatGPT와의 대화를 잘 이어갈 수 있음.
4. ChatGPT가 제공한 일기를 확인하고 필요한 수정이나 보완을 할 수 있는 방법을 배움.

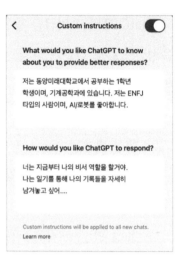

위의 내용을 통해 ChatGPT를 활용하여 효율적으로 일기를 작성하고 기억을 기록할 수 있다. ChatGPT를 통해 사용자는 마치 친구와 대화하듯이 자신의 이야기를 나누고 일기를 작성한다.

(1) 프롬프트 설정하기

ChatGPT가 어떻게 답변하고 싶은지 프롬프트를 설정한다. 영어회화를 위한 프롬프트는:

너는 지금부터 나의 비서 역할을 할 거야.
나는 일기를 통해 나의 기록들을 자세히 남겨놓고 싶어.
너는 오늘 나와의 대화를 통해 일기를 작성할 거야.
오늘의 일기 작성을 위해 네가 나에게 질문들을 주면, 내가 답변을 해볼게.
필요한 만큼 질문해 주고, 충분히 답이 되었거나 내가 "그만"이라고 하면 멈추고 일기를 작성해줘.
부드럽고 친절하게 말해 주길 바래.

(2) ChatGPT 첫 명령

"오늘의 일기 작성 도와줘"를 마이크를 통해 ChatGPT를 명령한다.

TIP: 여러 시작문이 있겠지만 "일기 작성", "도움"라는 핵심 단어들이 꼭 들어가야 한다.

(3) 활용

대화하듯이 ChatGPT에 말하면 된다.

대화 예시 1)

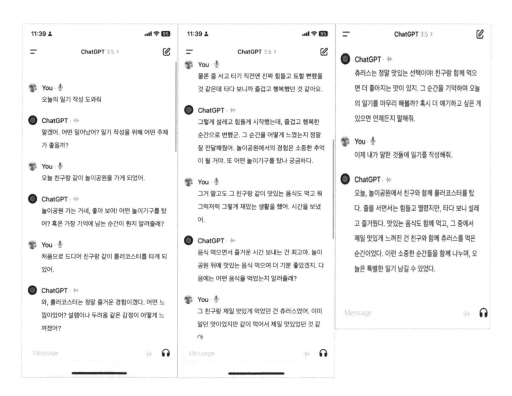

(4) 더 좋은 답변 만들기

ChatGPT를 처음 시켜봤을 때 많은 경우로, 이상한 답변이나 질문을 줄 수 있다. 그래서 계속 테스팅하면서 ChatGPT 프롬프트를 수정해야 한다. 또한, 만약 ChatGPT가 마지막에 일기를 안 써줄 경우 "그만하고, 내가 한 말들에 대해 일기를 작성해줘, 너무 짧게는 말고"라고 말하면, 일기 작성이 된다.

TIP: 일기가 너무 짧다면, ChatGPT와 친구처럼 5분 이상 말하면 좋다.

ChatGPT와 마이크를 활용하면 내가 쓰기 싫고 귀찮던 일기가 더 쉬워진다. ChatGPT 보이스를 사용해 내가 직접 타이핑을 안 해도 되며, 친구와 말하는 것처럼 편하다. ChatGPT라는 도구를 이용해 나대신 글을 써줄 수 있다.

핵심 내용
- 마이크 기능이 있는 ChatGPT은 나와 친구처럼 말하고 듣는다.
- 프롬프트를 작성하고 말을 잘 전달하면 ChatGPT과 효율적적 대화가 가능하다.
- 텍스트를 통해 나의 일기를 확인한다.

ChatGPT를
활용한 취업/진학
분야 분석

8.1 최근 9년간 전국, 수도권, 서울 소재 취업률

2014년부터 2022년까지 정부의 취업률 통계 기준으로 하는 매년 12월 31일자 건보DB(Database) 및 국세DB에서 가져온 전국, 수도권, 서울 소재의 전문대학별 취업률을 정보공시 자료를 정리하여 비교하면 다음 표와 같다.

구분(연도/개, %)		2014	2015	2016	2017	2018	2019	2020	2021	2022
전국	대학 수	147	147	145	143	140	138	137	136	135
	취업률	67.8	69.5	70.6	69.8	71.1	70.9	68.7	71.0	72.9
수도권	대학 수	47	47	46	44	44	43	43	43	43
	취업률	66.7	68.0	69.6	69.2	70.0	69.3	66.7	69.8	71.0
서울 소재	대학 수	10	10	10	9	9	9	9	9	9
	취업률	65.5	66.0	67.1	66.2	67.4	66.5	63.0	67.2	68.2
∞ 대학	취업률	71.4	72.7	71.2	70.1	71.1	72.8	67.9	71.7	73.1

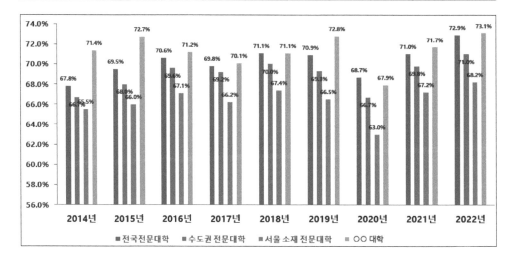

위 그래프에는 각 연도별로 왼쪽 막대바에서 오른쪽 막대바의 순서대로 전국, 수도권, 서울 소재, ○○ 대학 순서대로 나타내었다.

【예제 8.1】2014년부터 2022년까지 매년 12월 31일에 건보DB 및 국세DB 기준으로 전국 전문대학, 수도권 전문대학, 서울소재 전문대학, ○○ 대학의 취업률을 정보공시 자료로 정리하여 비교하면 앞의 표와 같다. 위 표를 분석해서 ○○ 대학의 현재 상황과 5년 후에 취업 전망을 알아보자.

---

⑤ ChatGPT

👉 2014년부터 2022년까지 매년 12월 31일에 건보DB 및 국세DB 기준으로 전국 전문대학, 수도권 전문대학, 서울소재 전문대학, ○○대학의 취업률을 정보공시 자료로 정리하여 비교하면 다음 데이터와 같다. 아래 데이터를 분석해서 ○○ 대학의 현재 상황과 5년 후에 취업 전망을 알려줘.

구분(년도/개, %)	2014	2015	2016	2017	2018	2019	2020	2021	2022
전국	147/67.8%	147/69.5%	145/70.6%	143/69.8%	140/71.1%	138/70.9%	137/68.7%	136/71.0%	135/72.9%
수도권	47/66.7%	47/68.0%	46/69.6%	44/69.2%	44/70.0%	43/69.3%	43/66.7%	43/69.8%	43/71.0%
서울소재	10/65.5%	10/66.0%	10/67.1%	9/66.2%	9/67.4%	9/66.5%	9/63.0%	9/67.2%	9/68.2%
○○ 대학	71.40%	72.70%	71.20%	70.10%	71.10%	72.80%	67.90%	71.70%	73.10%

⑤ 이 표는 2014년부터 2022년까지 매년 12월 31일 기준으로 전국 전문대학, 수도권 전문대학, 서울소재 전문대학, 그리고 ○○ 대학의 취업률 정보를 정리한 것이다.

1. 현재 상황:
    ○○ 대학은 지난 몇 년간 취업률이 점진적으로 증가하는 추세를 보였다. 2022년에는 73.1%의 취업률을 기록하며, 특히 수도권 및 서울소재 전문대학들과 비교했을 때도 경쟁력 있는 수치를 보였다.

2. 5년 후 전망:

○○ 대학의 취업률은 학교의 교육 질, 산업계와의 연계, 그리고 졸업 생들의 실무 능력 개발에 따라 달라질 수 있다. 현재의 성장 추세와 산 학협력 프로그램의 강화, 신산업 분야로의 교육 커리큘럼 확장 등을 고 려할 때, 앞으로 5년 동안 ○○ 대학의 취업률은 지속적으로 개선될 가 능성이 높다. 하지만 이는 경제 상황, 산업 수요, 그리고 교육 정책의 변 화에 따라 영향을 받을 수 있으므로 지속적인 관리와 혁신이 필요하다.

8.2 학년별 취업 관련 정보 및 준비 방안

취업과 관련하여 구인 구직 사이의 조화를 이루기 위해서는 몇 가지 중요한 단 계를 고려해야 한다. 첨단산업 중에 반도체 유지보수, 정유 및 석유 운전, 제약 및 바이오 설비 유지보수, 제철 및 자동차 등 로봇 및 자동화 관련 분야는 기술 진보 와 산업의 변화에 따라 높은 수요가 예상되는 분야이다. 이러한 분야에서 취업을 효율적으로 준비하려는 방법을 단계별로 알아보자.

1. 산업 동향 및 직무 이해

- **대학 신입생 시기:** 관심 있는 분야의 산업 동향과 직무에 대한 기본적인 이 해를 시작한다. 관련 뉴스, 산업 보고서, 전문가 칼럼 등을 통해 정보를 수 집하자.

2. 관련 학과 및 과정 선택

- **대학 1학년:** 해당 분야와 관련된 학과나 과정을 선택하고, 기본적인 전공 지식을 습득한다. 필요한 경우, 관련 자격증 취득을 위한 준비를 시작하자.

3. 실무 경험 및 인턴십

- **대학 2학년:** 여름방학이나 겨울방학을 활용해 인턴십이나 현장 실습의 기회를 찾아보자. 실무 경험은 이론적 지식을 실제 적용해 보는 좋은 기회이다.

4. 전문성 강화 및 네트워킹

- **대학 3~4학년:** 전문성을 강화하기 위해 고급 과정을 수강하거나 관련 분야의 세미나, 워크숍, 학술 대회에 참여하여 네트워킹을 확장하자. 업계 전문가와의 교류는 취업에 유리한 정보와 기회를 제공한다.

5. 취업 준비 및 지원

- **대학 3~4학년:** 이력서와 자기소개서 작성 스킬을 강화하고 면접 준비에 집중하자. 취업 박람회 참여, 채용 정보 사이트 구독, 대학의 취업 지원 프로그램 활용 등을 통해 취업 기회를 넓히자.

6. 지속적인 학습 및 자기개발

- **졸업 후:** 산업과 기술은 끊임없이 변화한다. 관련 분야의 최신 동향을 따라가고, 필요한 추가 학습이나 자격증 취득을 위해 노력하자.

각 단계에서 세부적인 계획을 수립하고, 목표를 달성하기 위한 구체적인 활동을 실행해야 한다. 또한, 멘토링 프로그램에 참여하거나 선배, 교수님과의 상담을 통해 조언을 구하는 것도 중요하다. 자신만의 강점을 발전시키고, 열정을 가지고 꾸준히 노력한다면 성공적인 취업 준비가 가능할 것이다.

【예제 8.2】 신입생이 취업이나 진로를 준비하기 위한 구체적인 방법을 ChatGPT
를 이용해서 알아보자.

---

⑤ **ChatGPT**

✋ 특별히 대학 신입생이 취업이나 진로를 위해서 준비해야 할 각자의
전공에 대한 산업 동향 및 직무를 이해하는 방법과 관련 정보를 수집하
는 방법 및 이를 효과적으로 활용할 수 있는 방법을 알려줘.

⑤ 대학 신입생이 자신의 전공과 관련된 산업 동향 및 직무를 이해하고
관련 정보를 수집, 효과적으로 활용하는 방법은 다음과 같다.

(1) 산업 동향 및 직무 이해

1. 전공 관련 수업 집중하기: 전공 수업을 통해 기본적인 지식을 습득하
   고, 교수님과 선배들로부터 산업 동향에 대한 인사이트를 얻는다.

2. 관련 서적 및 기사 읽기: 해당 분야의 최신 서적, 학술지, 전문가 칼럼,
   산업 보고서 등을 읽어 산업의 최신 경향을 파악한다.

3. 온라인 코스 및 웨비나 참여: Coursera, edX, Udemy 등 온라인 학습
   플랫폼에서 관련 코스를 수강하거나 관련 분야 웨비나에 참여해 지식
   을 확장한다.

(2) 정보 수집 방법

1. 산업 관련 포럼 및 커뮤니티 가입: LinkedIn, Reddit 등의 포럼이나 커뮤
   니티에 가입하여 전문가들과의 네트워킹을 통해 심층적인 정보를 얻는다.

2. 전문가 인터뷰 및 멘토링: 관련 분야에서 활동하는 전문가나 멘토를
   찾아 인터뷰를 요청하거나 멘토링을 받아 직접적인 조언을 얻는다.

3. 인턴십 및 현장 실습: 학기 중이나 방학 기간에 인턴십이나 현장 실습
   의 기회를 찾아 실무 경험을 쌓고, 산업 현장의 리얼리티를 이해한다.

(3) 정보 활용 방법

1. 학습 계획 수립: 수집한 정보를 바탕으로 단기 및 장기 학습 계획을

수립하고, 전공 지식 외에 필요한 기술이나 자격증을 파악해 목표를 설정한다.

2. 포트폴리오 구축: 학습한 내용이나 프로젝트, 인턴십 경험 등을 포트폴리오로 정리해 자신만의 강점을 명확히 드러내고, 취업이나 진로 탐색에 활용한다.

3. 네트워킹 활성화: 관련 분야의 네트워킹 이벤트나 학회에 적극 참가하여 전문가들과의 관계를 구축하고, 취업이나 진로에 대한 정보를 얻는다.

4. 지속적인 업데이트: 산업 동향은 빠르게 변하기 때문에 관련 뉴스나 보고서를 지속해서 업데이트하며 변화에 대응한다.

이러한 방법을 통해 대학 신입생은 자신의 전공과 관련된 산업의 동향을 파악하고, 진로에 대한 명확한 방향성을 설정할 수 있으며, 효과적으로 취업 준비를 할 수 있다.

【실습과제 8.1】 위에서 찾은 산업 동향 및 직무 이해, 정보 수집 방법, 정보 활용 방법 중에서 각자가 관심이 있는 내용 중의 세 가지를 선택해서 ChatGPT를 활용해 더욱 구체적인 방안을 찾고, 올해 어떻게 적용하고 싶은지 요약해서 정리하라.

ChatGPT

8.3 첨단산업 분야의 취업 정보 검색 및 분석

첨단산업 분야에는 반도체, 디스플레이, 2차전지 등의 산업이 포함되어 있다. 이 분야에서 활동하는 기업으로는 삼성전자, SK, 현대자동차, LS, 롯데 등이 있다. 이들 기업은 첨단산업 분야에서 사업 역량을 확대하기 위해 지분 인수와 회사 설립을 통해 계열사를 늘리고 있다.

첨단산업 분야의 직무에는 정보기술 개발, 로봇엔지니어, 로봇프로그래머, 로봇 설계자, 로봇 연구 등이 있다. 이러한 직무는 제조업, 의료, 자동차 산업, 인공지능, 서비스 로봇 등의 다양한 산업 분야에서 활용된다.

(1) 첨단산업 분야의 직무 및 취업 정보의 검색

대학을 졸업한 학생들은 반도체 분야에서 다양한 직무에 취업할 수 있다. 예를 들어 반도체 제조, 반도체 설계, 반도체 테스트 및 검증, 반도체 장비 유지보수 및 서비스 등의 직무 등이 있다. 반도체 분야로 취업할 수 있는 대기업은 삼성전자, SK하이닉스뿐만 아니라, 반도체 장비를 제조하는 중소기업이나 스타트업체도 있다. 또한, 반도체 소재나 부품을 제조하는 업체들도 취업 기회를 제공하므로 업계 동향에 주목하고 관련 자격증을 취득하고, 실무 경험을 쌓는 것이 중요하다.

반도체 유지보수 분야에 대한 취업 정보를 찾는 데는 여러 사이트가 유용할 수 있다. 예를 들어 인크루트와 인디드 같은 취업 정보 사이트에서는 반도체 장비 유지보수 관련 다양한 채용공고를 찾아볼 수 있다. 이들 사이트는 반도체 유지보수 엔지니어와 관련된 다양한 직무 정보를 제공하며, 신입부터 경력직까지 다양한 경력 수준의 채용공고가 게시된다. 이러한 사이트를 정기적으로 확인하며 산업 동향과 구직 공고를 파악하는 것이 좋다. 반도체 유지보수 분야의 취업 정보를 간략히 살펴보면 다음과 같다:

1. **인크루트**: 믿을 수 있는 취업 정보 사이트로, 경력별, 지역별, 직종별 구인구직 정보, 직업별 일자리 정보, 실시간 채용 정보, 기업별 입사 비법 등을 제공한다.
2. **Indeed**: 각 부문 신입/경력, 경력사원, 반도체 장비 유지보수 모집 외에도 다양한 반도체 장비 유지보수 관리 관련 일자리를 제공한다.

반도체 관련 회사의 구직 공고는 다음과 같다:

1. **Careerjet**: 반도체 관련 다양한 채용공고를 제공한다.
2. **Indeed**: 반도체 관련 분야에서 각 부문의 신입 및 경력사원 공고, 그리고 자동화 설계, 반도체 장비 Set-up 엔지니어 및 보조 외에도 다양한 반도체 관련 일자리 정보를 제공한다.

이러한 반도체 유지보수 분야에 대한 취업 정보를 각자 찾아보고, 여러 회사의 구직 공고를 비교하여 가장 적합한 회사를 선택할 수 있다. 이 외에도 학교에서 추천하는 회사 또는 직접 회사의 웹사이트를 방문하여 채용 정보를 확인하거나, 네트워킹을 통해 채용 정보를 얻는 것도 좋은 방법이다.

(2) 취업 정보의 분석 및 체계적인 준비

첨단산업 분야의 교육부가 발표한 취업률을 2014년부터 2022년까지 정보공시의 건보DB 및 국세DB에서 가져온 학과별 취업률을 정리하여 비교하면 다음 표와 같다.

학과	2014년	2015년	2016년	2017년	2018년	2019년	2020년	2021년	2022년
자동화공학과	88.0	86.8	79.0	79.9	82.5	78.8	78.4	75.6	80.1
로봇공학과	85.7	71.8	83.8	81.8	60.8	75.0	80.0	72.2	90.6
반도체전자공학과	76.7	74.6	80.6	73.8	67.7	83.0	70.6	80.3	71.2
컴퓨터정보공학과	66.1	67.7	70.0	60.0	67.2	74.8	65.7	69.9	52.1
컴퓨터소프트웨어 공학과	78.3	67.9	71.3	66.7	72.1	78.8	73.0	81.1	68.3
생명화학공학과	66.3	69.5	62.6	76.6	65.7	71.6	65.8	76.6	74.8
유통마케팅학과	58.6	74.4	79.2	75.3	73.7	60.9	73.8	69.1	72.4
관광컨벤션학과	65.7	62.3	70.2	65.0	67.0	72.9	51.4	55.9	75.8

【예제 8.3】이 자료에서 2014~2022년까지 자동화공학과와 로봇공학과의 취업 결과의 경향을 다른 학과들과 비교해서 분석하고 이후 전망을 Copilot으로 활용해서 알려줘.

Copilot

🔵 새 토픽 **첨단산업 분야가 어떤 회사들이고 직무 분야는 무엇인지 알려줘. 특히 이 자료에서 2014~2022년까지 자동화공학과와 로봇공학과의 취업 결과의 경향을 다른 학과들과 비교해서 분석하고 이후 전망을 알려줘.**

🔵 자동화공학과와 로봇공학과의 취업 결과를 보면, 2014년부터 2022년까지의 기간 동안 두 학과 모두 취업률이 일정하게 유지되었다. 자동화공학과의 취업률은 2014년 88.0%에서 2022년 80.1%로 약간 감소하였다. 반면, 로봇공학과의 취업률은 2014년 85.7%에서 2022년 90.6%로 증가하였다. 이는 로봇공학과가 첨단산업 분야에서 더 많은 직무 기회를

제공하고 있음을 나타낸다. [[오답임]]

다른 학과들과 비교했을 때, 자동화공학과와 로봇공학과의 취업률은 상위권에 속한다. 특히 로봇공학과의 경우 2022년에는 가장 높은 취업률을 기록하였다. 이는 로봇공학과가 첨단산업 분야의 중요성이 증가함에 따라 더 많은 취업 기회를 제공하고 있음을 보여준다.

이후 전망을 보면, 로봇공학과와 자동화공학과의 졸업생들은 제조업, 의료, 자동차 산업, 인공지능, 서비스 로봇 등의 다양한 산업 분야에서 일할 수 있다. 또한, 로봇공학자가 되기 위해서는 기계공학, 메카트로닉스공학, 전기공학, 전자공학, 컴퓨터공학, 인공지능 등 융합하는 전공을 배우는 것이 유리하다. 이러한 분야의 전문가 수요는 계속해서 증가할 것으로 예상된다.

【실습과제 8.2】 위 예제를 참고해서 ChatGPT로 활용해 2014~2022년까지 자동화공학과와 로봇공학과의 취업 결과의 경향을 다른 학과들과 비교해서 분석하고 이후 전망을 더욱 구체적인 방안을 찾고, 올해 어떻게 적용하고 싶은지 요약해서 정리하라.

⑤ ChatGPT

8.4 입사 후 유지 취업률의 결과 및 분석

취업률도 중요하지만, 더욱 중요한 것은 취업 후의 회사에서 퇴사하지 않고 계속 다니고 있는지를 나타내는 유지 취업률이다. 유지 취업률이 중요한 이유는 취업 후 장기간 직장을 유지하는 것이 개인의 경력 발전, 직업 만족도 및 안정적인 소득을 보장하기 때문이다. 높은 유지 취업률은 교육 기관이나 교육 과정이 시장의 요구에 부합하고, 실제 업무에 필요한 실용적인 기술과 지식을 제공한다는 것을 의미한다. 이는 졸업생들이 취업 시장에서 경쟁력을 유지할 수 있도록 돕고, 기업에는 장기적으로 기여할 수 있는 인재를 확보할 수 있다. 따라서 유지 취업률은 단순히 취업을 하는 것을 넘어, 질 좋은 취업을 유지하고 발전시킬 수 있는 교육의 질을 반영하는 중요한 지표이다.

수도권에 2,000명 이상의 졸업생을 매년 배출하는 전문대학의 결과를 2021~2022년 정보공시 자료를 보면 다음과 같다.

대학	졸업자수 (명)	유지 취업률(2022년)					2021년 순위
		1차	2차	3차	4차	4차 순위	
∞ 대학	2,467	91.7	87.8	81.1	79.1	1	1
경♡대	2,177	92.8	86.8	80.7	78.8	2	4
서♡대	2,153	89.5	84.6	80.3	78.3	3	미포함
인♡대	2,998	91.2	86.7	80.0	77.7	4	3
대♡대	2,942	88.2	83.7	77.9	75.6	5	5
부♡대	3,059	88.9	83.2	76.1	74.3	6	6
신♡대	2,617	87.7	82.5	75.7	73.5	7	8
서♡대	2,043	87.3	81.5	74.8	72.6	8	7
연♡대	2,306	86.3	81.2	74.1	71.8	9	13

수♡대	2,066	88.5	83.2	74.8	71.7	10	8
인♡대	2,341	86.4	81.1	72.8	70.6	11	11
동♡대	2,205	88.7	81.5	73.2	70.1	12	14
장♡대	2,091	88.0	81.8	72.4	69.5	13	12
명♡대	2,627	86.3	79.9	72.6	69.4	14	15
한♡대	2,493	85.5	78.7	70.8	67.5	15	16

【예제 8.4】 Copilot를 활용해서 유지 취업률이 왜 중요한지 알려주고, 이 자료에서 2021년 및 2022년 유지 취업률 결과를 분석해 주고, 어떻게 하면 유지 취업률을 높일 수 있는지 알려줘.

♦ Copilot

새 토픽 유지 취업률이 왜 중요한지 알려주고, 이 자료에서 2021년 및 2022년 유지 취업률 결과를 분석해 주고, 어떻게 하면 유지 취업률을 높일 수 있는지 알려줘.

ⓑ 1. 유지 취업률의 중요성

유지 취업률은 취업자의 근속 여부를 알 수 있는 지표로, 각 대학의 졸업자들이 안정된 취업처를 찾았다는 의미한다. 이는 취업의 질과 취업자의 만족도를 반영하며, 대학들이 졸업생들을 단기간 취직시켜 놓고 이를 취업률에 반영시키는 편법을 막기 위해 도입된 취업률 지표이다. 유지 취업률은 고용·건강 보험에 가입한 취업자가 일정 시점이 지난 후에도 보험을 유지하는 비율로, 고용 안정성과 실제 취업률을 알 수 있다.

2. 2021년 및 2022년 유지 취업률 결과 분석

제공된 데이터를 바탕으로 2021년 및 2022년 유지 취업률을 분석한다.
- ○○ 대학은 2021년에 1위를 차지하였으며, 2022년에도 1위를 유지

하였다. 이는 ○○ 대학의 졸업생들이 안정적인 취업을 잘 찾고 있음을 나타낸다.

- 경♡대는 2021년에 2위였으나, 2022년에는 4위로 하락하였다. 이는 경♡대의 졸업생들이 여전히 안정적인 취업을 찾고 있지만, 다른 대학들에 비해 상대적으로 약간의 하락이 있었음을 나타낸다.

- 서♡대는 2021년에 3위였으나, 2022년에는 순위에 포함되지 않았다. 이는 서♡대의 졸업생들이 안정적인 취업을 찾는 데 어려움이 있었을 수 있음을 나타낸다. [[오류]]

- 인♡대는 2021년에 4위였으나, 2022년에는 3위로 상승하였다. 이는 인♡대의 졸업생들이 더욱 안정적인 취업을 찾고 있음을 나타낸다.

3. 유지 취업률을 높이는 방법

유지 취업률을 높이는 방법에는 여러 가지가 있다.

- 전문성 개발: 직원의 전문성을 개발하는 기회를 제공하면 직원들이 조직에 더 오래 머무를 가능성이 높아진다.

- 현명한 관리 선택: 경영진의 선택은 직원의 참여 수준과 이직률에 영향을 미친다.

- 데이터 사용: 조직의 데이터를 분석하여 직원들이 어떤 환경에서 가장 효과적으로 작동하는지 이해하면 직원들이 더 오래 머무를 가능성이 높아진다.

- 직원의 건강 우선: 직원의 건강을 최우선으로 생각하면 직원들이 더 오래 머무를 가능성이 높아진다.

- 자신의 관심사를 파악: 자신의 관심사를 파악한 후에는 역량 개발 위한 온라인 강좌, 워크숍, 세미나, 팟 캐스트 등 구체적인 방법을 탐색하고, 목적의식을 가질 수 있도록 계획과 일정을 수립하는 것도 효과적인 방법이다.

【실습과제 8.3】 ChatGPT를 활용해서 유지 취업률이 왜 중요한지 알려주고, 이 자료에서 2021년 및 2022년 유지 취업률 결과를 분석해 주고, 어떻게 하면 유지 취업률을 높일 수 있는지 조사해서 아래에 간략하게 정리하라.

8.5 학사학위 및 석사학위로 진학 정보

학사학위과정은 전문대학을 2년제 또는 3년제를 졸업하고, 2년 또는 1년 학사 과정을 진행한다. 전문학사 2년 후 학사학위과정에서 2년, 또는 전문학사 3년 후 학사학위과정에서 1년을 마치면, 일반객년제 대학과 동일한 학사학위를 취득할 수 있다. 학사학위과정은 일반 대학의 학사학위 프로그램보다 실무 중심의 교육을 제공하는 과정이다. 이 과정은 특정 분야의 전문 지식과 기술을 심도 있게 배울 수 있도록 설계되었다. 일반 대학의 학사과정과 비교했을 때, 학사학위과정은 보다 직업적이고 실용적인 교육에 초점을 맞추며, 졸업 후 바로 산업계에 진출할 수 있는 실무 능력을 갖추게 하는 것이 주 목적이다. 장점으로는 실무 경험과 현장 학습의 기회가 많고, 산업계와의 연계를 통해 취업 경로가 명확하다는 점을 들 수 있다.

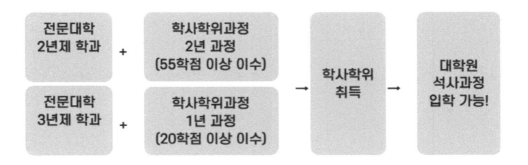

학사학위과정을 입학을 위한 지원 자격은 다음과 같다.

- 전문대학 졸업 이상의 학력을 가진 자는 누구나 지원할 수 있다.
- 4년제 대학 2학년 또는 3학년 이상 수료자도 지원 가능하다.
- 학사학위과정 지원학과와 전문학사학위과정 학과는 동일계열이어야 한다.
- 전문대학 또는 이와 동등 이상의 학력이 있다고 인정되는 자로서, 학사학위과정 해당 학과 또는 교육부 장관이 정하는 관련 학과(관련 학과를 졸업하지 않은 경우 관련 학점을 50% 이상 이수한 자 포함)를 졸업해야 한다.
- 교육부 장관이 정하는 관련 학과는 우리 대학 입시 홈페이지에 개시된 관련 학과 판단 기준표를 참고한다.
- 관련학과 판단 기준표에 명시된 관련 학과를 졸업하지 않았더라도 학사학위과정 학과의 관련 학점을 50% 이상 이수한 경우 관련 학과 졸업자로 인정한다.
- 학점은행제를 통해 학위를 취득한 자의 경우에도 동등한 기준을 적용한다.
- 독학에 의한 학위취득자 경우에는 4년제 대학교 졸업자와 동등하다.

○○ 대학 학사학위과정의 모집 학과와 모집 정원은 다음과 같다.

계열	모집 학과	수업연한	주·야	모집 정원 (명)	2차 모집인원
공학	기계공학과	2년	야간	15	13
	기계설계공학과	2년	야간	20	9
	자동화공학과	1년	주간	35	3
		1년	야간	35	0
	전기공학과	2년	야간	15	4
	정보전자공학과	2년	야간	20	8
	정보통신공학과	1년	야간	60	17
	컴퓨터소프트웨어공학과	1년	야간	70	0
	생명화학공학과	2년	야간	25	13
	건축학과	1년	야간	60	0
	실내건축디자인학과	1년	야간	25	0
	시각디자인학과	2년	야간	20	4
인문사회	경영학과	2년	야간	25	17
합계				425	88

학사학위를 받은 후에 일반대학의 석사과정으로 진학하거나 전문대학에 전문기술석사과정으로 진학할 수 있다. 전문기술석사는 고등교육법 제50조의4에 따라 석사학위와 동등한 학력으로 인정되는 학위이다. 전문기술석사과정은 고등교육법 제49조의2, 제50조의4에 따라 '석사수준의 고도화된 직무중심 교육과정을 편성하여 고숙련 전문기술인재를 양성'하여 전문기술석사 학위를 수여하는 과정이고, 이론 중심의 일반대학원과 차별화하여 기업 R&D 프로젝트 결과 발표 등 논문보다는 프로젝트 결과물에 대한 평가를 통해 학위를 취득할 수 있다.

전문학사과정 (2~3년)
현장친화형 실무 인력 양성
기술관련 기초지식 및 이론, 기술역량제고, 현장실무 경험 등

전공심화과정(학사) (1~2년)
현장친화형 중숙련 인재 양성
기술역량제고 및 심도있는 이해, 실무에의 적용 응용능력 제고

전문기술석사과정 (2년이상)
고숙련 전문기술인재양성
석사수준의 직무중심 기술교육, 기업애로기술 개발, 숙련과정 등

전문기술 석사과정 신입생의 경우 수업료의 30%를 전문기술 석사과정 장학금으로 지급하고, 재학생의 경우 성적이 평점평균 3.0 이상(평점 4.5 만점 기준)인 경우 수업료의 30%를 장학금으로 지급하며, 산업현장 수요를 반영한 직무 중심의 소수정예 교육과정을 운영한다. 재학 중 성적우수 장학금 등 교내 장학금 수혜가 가능하다.

○○ 대학에 개설된 전문기술석사과정은 다음과 같다.

1. 클라우드 컴퓨팅 마이스터대

- Cloud+DNA(Data, Network, AI) 역량 기반으로 클라우드 기술에 대응한 기업의 컴퓨터 아키텍처를 관리할 수 있는 클라우드 컴퓨팅 전문 인재를 양성한다.
- AWS 기반의 클라우드 컴퓨팅 실무 프로젝트 경험을 쌓고, AWS 전문 자격 취득을 통해 실무 능력을 인정받을 수 있도록 교육과정을 운영한다.

2. 실내건축 큐레이션 마이스터대

- Space CNS(Contents·Network·Story)를 통해 실내건축 큐레이션 분야의 창조적 전문 인재를 양성한다.
- 프로젝트 기반 현장 중점 교육과 영역을 초월한 다양한 분야와의 큐레이션을 통해 창조적 사고를 실천해가는 공간디자인 리더를 양성한다.

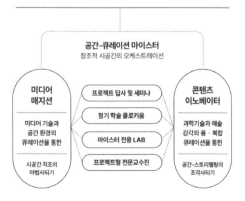

【예제 8.5】첨단산업 분야에서 전문학사를 취득하고 취업했을 때, 학사학위나 석사학위를 취득했을 때 어떤 장점이나 좋은 점이 있는지 조사해서 정리하시오.

🌐 ChatGPT

✋ 첨단 산업분야에서 전문학사를 취득하고 취업했을 때 장점을 구체적인 사례를 들어 알려줘. 또한 학사학위나 석사학위를 취득하면 어떤 장점이나 좋은 점이 있는지 구체적인 사례를 들어서 알려줘.

🌐 전문학사를 취득하고 첨단산업 분야에 취업하면 실무 중심의 교육으로 인해 바로 현장에 투입될 수 있는 실용적인 기술과 지식을 갖추게 된다는 장점이 있다. 예를 들어 반도체 제조 기술자나 IT 서비스 기술 지원 분야에서는 전문학사 수준의 실무 지식이 바로 활용되곤 한다.

반면, 학사학위나 석사학위를 취득하면 보다 광범위한 이론적 지식과 연구 역량을 바탕으로 전문 분야에서의 연구 및 개발 직무에 종사할 수 있는 기회가 증가한다. 예를 들어 첨단 연구소에서의 신약 개발이나 첨단 기술 개발 프로젝트에 참여하여 학위에서 얻은 고급 지식과 연구 능력을 활용할 수 있다.

【실습과제 8.4】학사학위나 석사학위에 관심이 있는 학생은 ChatGPT를 이용하여 관련 자료와 정보를 조사해서 원하는 진로에 대한 분석 정보를 간략히 정리하시오.

🌐 ChatGPT

ChatGPT
수업에서 바로 써먹는
컴퓨터 및 AI 활용

ChatGPT를
활용한 자기소개서 작성

CHAPTER
09 ChatGPT를 활용한 자기소개서 작성

9.1 신입생이 가장 중점적으로 준비할 내용

첨단산업 관련된 전공에 입학한 신입생이 취업이나 진학을 준비하는데, 가장 중점적으로 준비할 수 있는 전공, 어학, 자격증, 실무 체험 등 각 분야별로 세부 내용과 세부 목표 및 방법을 간략히 정리하면 다음과 같다.

1. **전공 분야:** 최신 기술 동향을 따라가며, 해당 분야의 기본 원리와 응용을 이해하고 실습한다. 예를 들어 인공지능, 데이터 과학, 로봇공학, 반도체 등의 과목을 중점적으로 학습한다.

2. **어학 분야:** 글로벌 환경에서의 커뮤니케이션 능력 강화를 위해 영어를 포함한 외국어 능력을 향상시킨다. 특히 전문 용어와 기술적 내용을 이해하고 소통할 수 있는 능력을 길러야 한다.

3. **자격증 분야:** 전공 관련 자격증이나 몰입식 과정이나 마이크로디그리 등 인증을 취득하여 전문성을 증명한다. 예를 들어 정보처리산업기사, 위험물산업기사, 전기산업기사, 반도체 관련 자격증 등 전공과 관련된 자격증을 목표로 한다.

4. **실무 체험:** 전공 동아리 및 프로젝트 참여, 현장 견학, 현장 실습, 인턴십 등

을 통해 실제 업무 경험을 쌓는다. 이는 이론과 실무의 연결고리를 마련하고 취업 시 경쟁력을 갖추는 데 도움이 된다.

각 분야별로 세부 목표를 설정하고, 계획적으로 준비하여 첨단산업 분야에서의 취업이나 진학을 효과적으로 준비할 수 있다.

【예제 9.1】 ChatGPT를 활용해서 반도체 유지보수 업무에 대해 신입생이 전공 분야에 대해 준비할 수 있는 구체적인 내용과 방법을 조사하시오.

> ⑤ ChatGPT

> ✋ 반도체 유지보수 업무에 대해 신입생이 전공 분야에 대해 준비할 수 있는 구체적인 내용과 방법을 알려줘

> ⑤ 반도체 유지보수 업무를 준비하기 위해 신입생은 다음과 같은 구체적인 내용과 방법을 고려할 수 있다: 전자공학이나 기계공학과 같은 관련 전공 과목을 집중적으로 학습하고, 반도체 제조 과정 및 장비 작동 원리에 대한 이해를 심화시켜야 한다. 또한, 실습이나 실험 수업을 통해 실제 장비를 다루는 경험을 쌓고, 관련 자격증(예: 반도체 장비 기술자 자격증) 취득을 목표로 한다. 이러한 과정을 통해 반도체 유지보수 업무에 필요한 전문 지식과 기술을 습득할 수 있다.

ChatGPT에서 부족했던 정보를 보완하기 위해 Copilot를 이용해서 반도체 관련 자격증을 조사하고 또한 반도체 설비 유지보수 관련된 자격증에 대해서 다시 알아보자.

【예제 9.2】 Copilot를 이용해서 반도체 관련 자격의 종류, 주요 평가하는 교과목은 무엇이며, 어떻게 준비할 수 있는지를 찾아서 간단히 정리하시오.

◆ Copilot

⊕ 새 토픽 **반도체 관련 기능사와 산업기사는 어떤 것이 있는가? 각 자격증에서 평가하는 필기시험과 실기시험의 구체적인 내용은 무엇이며, 어떻게 준비해야 취득할 수 있는지 구체적으로 알려줘**

◆ 반도체 관련 기능사와 산업기사에는 다음과 같은 것들이 있다:

– 반도체장비유지보수기능사

– 반도체설계산업기사

– 반도체설계기사

– SMT산업기사

각 자격증에서 평가하는 필기시험과 실기시험의 구체적인 내용은 다음과 같다:

– 반도체설계산업기사 필기시험: 반도체 공학, 전자회로, 논리회로, 집적회로 설계 이론 과목으로 총 과목당 20문항씩 80문항을 시험 치르게 된다. 과목당 40점 이상, 전과목 평균 60점 이상 맞아야 한다.

– 반도체설계산업기사 실기시험: 작업형 시험으로 시험시간은 4시간 정도 되며 반도체 설계 실무 시험을 치르게 된다. 실기는 직접회로 레이아웃 설계 및 검증 작업을 할 수 있어야 하며 100점 만점에 60점 이상 받으면 합격할 수 있다.

이러한 자격증을 준비하려면 다음과 같은 방법을 사용할 수 있다:

– 필기시험 준비: 이전에 나온 기출문제를 바탕으로 반복적 학습을 해주는 것이 가장 중요하다. 기출문제를 준비할 때 연도별로 준비하는 것이 가장 적합하다. 모든 기출문제를 돌려보는 것을 권장한다.

- 실기시험 준비: 실무적인 부분은 꼭 학원을 통해 준비해 주는 것을 추천한다.
- 응시 자격: 기능사등급 + 실무 1년, 실무 2년, 동일 및 유사 직무 분야의 다른 산업기사 보유, 관련학과 2년제 또는 3년제 졸업, 관련학과 대학 졸업자, 학점은행제 41학점 취득자 등이 있다.

🔵 새 토픽 **반도체장비유지보수기능사에서 평가하는 필기시험과 실기시험의 구체적인 내용은 무엇이며, 어떻게 준비해야 취득할 수 있는지 구체적으로 알려줘.**

💠 반도체장비유지보수기능사에서 평가하는 필기시험과 실기시험의 구체적인 내용은 다음과 같다:

1. 필기시험: 필기시험은 자동화기초, 공유압일반, 반도체장비보전일반, 반도체장비운용개론, 안전관리 등 5개의 과목으로 구성되어 있다. 각 과목은 객관식으로, 총 60문항을 1시간 동안 풀어야 한다.

2. 실기시험: 실기시험은 "반도체장비유지보수실무"라는 작업형 시험으로 구성되어 있다. 이 과목은 반도체 장비에 대한 기계도면, 공유압 회로, 배관도, 전기결선도 등을 보고 분해, 조립 또는 구성, 시운전 등을 평가한다[2] [3]. 실기시험은 100점 만점에 총 3시간 30분의 시간이 주어진다.

반도체장비유지보수기능사를 준비하는 방법은 다음과 같다:

1. 필기시험 준비: 필기시험 준비는 이론 대비책과 따로 시중에 나와 있는 책이 한 권 뿐이므로 이론 대비를 하며 암기를 먼저 시작하는 것보다 이전에 나온 기출문제를 바탕으로 반복적 학습을 하는 것이 가장

중요하다. 모든 기출문제를 돌려보는 것을 권장한다.

2. 실기시험 준비: 실기시험 준비는 실무적인 부분은 꼭 학원을 통해 준비해 주는 것을 추천한다. 반도체 장비에 대한 기계도면, 공유압 회로, 배관도, 전기결선도 등을 보고 분해, 조립 또는 구성, 시운전 등을 집중적으로 공부하고 연습해야 한다.

응시 자격은 다음과 같다:

1. 기능사 등급 + 실무 1년
2. 실무 2년
3. 동일 및 유사 직무 분야의 다른 산업기사 보유
4. 관련학과 2년제 또는 3년제 졸업
5. 관련학과 대학 졸업자
6. 학점은행제 41학점 취득자

이렇게 준비하면 반도체장비유지보수기능사를 취득할 수 있다. 추가적인 질문이 있다면 언제든지 물어보도록 하자.

【예제 9.3】Copilot를 이용해서 위험물산업기사에서 평가하는 이론시험 및 필기시험의 내용이 무엇인지 알아보자.

🔷 Copilot

🔵 새 토픽 **위험물산업기사에서 평가하는 필기시험과 실기시험의 구체적인 내용을 알려줘**

🔷 위험물산업기사에서 평가하는 필기시험과 실기시험의 구체적인 내용은 다음과 같다:

---

1. 필기시험: 필기시험은 일반화학, 화재예방과 소화방법, 위험물의 성질과 취급 등 3개의 과목으로 구성되어 있다. 각 과목은 객관식 4지 택일형으로, 총 60문항을 1시간 30분 동안 풀어야 한다. 합격기준은 100점 만점에 과목당 40점 이상 득점 및 평균 60점 이상이다.

2. 실기시험: 실기시험은 "위험물 취급 실무"라는 과목을 응시하며 주관식 필답형으로 출제된다. 이 과목은 위험물의 성상, 저장, 취급, 운반, 운송 기준에 대한 평가를 진행한다. 실기시험은 100점 만점에 총 2시간의 시간이 주어진다.

위험물산업기사를 준비하는 방법은 다음과 같다:

1. 필기시험 준비: 필기시험 준비는 이론 대비책과 따로 시중에 나와 있는 책이 한 권뿐이므로 이론 대비를 하며 암기를 먼저 시작하는 것보다 이전에 나온 기출문제를 바탕으로 반복적 학습을 하는 것이 가장 중요하다. 모든 기출문제를 돌려보는 것을 권장한다.

2. 실기시험 준비: 실기시험 준비는 실무적인 부분은 꼭 학원을 통해 준비해 주는 것을 추천한다. 위험물의 성상, 저장, 취급, 운반, 운송 기준 등을 집중적으로 공부하고 연습해야 한다.

이렇게 준비하면 위험물산업기사를 취득할 수 있다.

【실습과제 9.1】ChatGPT를 이용해서 어학을 어떻게 얼마나 준비해야 하는지 구
체적으로 알아보고 검토해서 각자의 목표와 방법을 간략히 정리하시오.

ChatGPT

자기소개서 사례 및 작성 방법

 일반적인 자기소개서와 첨단 분야 취업을 위한 자기소개서의 내용은 무엇이고,
첨단 분야 회사에 적합한 자기소개서와 차이는 무엇인지 알아보자.

(1) 일반적인 자기소개서의 주요 내용 및 특징

1. **성장 과정:** 여러분의 성장 과정을 통해 어떤 가치관을 형성하였는지, 어떤
   경험을 통해 어떤 역량을 키웠는지를 설명한다.
2. **학교생활 또는 사회 경험:** 팀워크나 활동에 몰입한 경험 또는 직무 지식 습
   득에 대한 내용을 작성한다.
3. **성격의 장/단점:** 지원한 직무의 속성에 맞는 강점 한 가지를 부각하여 사례/
   경험 중심으로 작성한다. 단점은 보완노력 중심으로 작성한다.
4. **지원 동기 및 입사 후 포부:** 지원한 회사와 직무에 대한 이해와 관심을 보여
   주며, 입사 후 어떤 역할을 하고 싶은지, 어떤 성과를 이루고 싶은지를 구체
   적으로 작성한다.

(2) 첨단 분야를 위한 자기소개서의 내용 및 특징

 첨단 분야 회사에 적합한 자기소개서는 일반적인 자기소개서와 비슷한 내용을
포함하지만 몇 가지 차이점이 있다[789]:

1. **직무 관련 경험 및 역량:** 첨단 분야 회사는 종종 특정 기술이나 전문 지식을 요구한다. 따라서 해당 직무에 대한 이해도와 관련 경험 그리고 그 경험을 통해 얻은 역량을 구체적으로 작성하는 것이 중요하다.

2. **지원 분야에 대한 이해와 통찰력:** 첨단 분야 회사는 빠르게 변화하는 시장에서 경쟁력을 유지하기 위해 지원자가 해당 분야에 대한 깊은 이해와 통찰력을 갖추고 있기를 바란다. 이를 위해 최신 기술 트렌드, 산업 동향, 회사의 제품 및 서비스에 대한 이해를 보여주는 것이 중요하다.

3. **회사에 기여할 방법:** 첨단 분야 회사에 지원할 때는 자신이 회사에 어떻게 기여할 수 있을지를 구체적으로 작성하는 것이 중요하다. 이는 자신의 전문 지식, 기술, 경험을 바탕으로 회사의 목표를 달성하는 데 어떻게 도움이 될 수 있는지를 보여주는 것을 포함한다.

이러한 차이점을 고려하여 자기소개서를 작성하면 첨단 분야 회사에 더 적합한 지원자로 인식될 수 있다. 이는 지원자가 첨단 분야에 대한 깊은 이해와 열정을 가지고 있으며, 해당 회사에서 성공적으로 역할을 수행할 수 있음을 보여주는 데 도움이 된다.

【예제 9.4】 Copilot을 이용해서 일반적인 자기소개서를 작성해 달라고 해서 내용을 검토하고, 추가적인 질문을 통해서 원하는 자기소개서로 수정하시오.

> **Copilot**
>
> 🔵 새 토픽 **일반적인 자기소개서의 샘플을 작성해줘**
>
> 아래는 일반적인 자기소개서의 샘플입니다:
>
> ```
>
> 저는 컴퓨터 공학을 전공한 홍길동이다. 학부 시절, 다양한 프로젝트를
> ```

통해 팀워크와 문제 해결 능력을 키웠습니다. 특히, 졸업 프로젝트에서는 팀원들과 함께 웹 애플리케이션을 개발하였고, 이를 통해 프론트엔드와 백엔드 개발에 대한 깊은 이해를 가지게 되었습니다.

저의 강점은 끈기와 성실함이다. 어려운 문제에 직면했을 때, 저는 포기하지 않고 문제를 해결하기 위해 노력한다. 이러한 저의 성격은 학교에서의 프로젝트뿐만 아니라 아르바이트 경험에서도 크게 도움이 되었습니다.

저는 지원한 회사에서 제 역량을 최대한 발휘하여 회사의 성장에 기여하고 싶습니다. 또한, 회사에서의 경험을 통해 전문적인 지식과 기술을 더욱 향상시키고 싶습니다.

마지막으로, 저는 항상 새로운 것을 배우는 것을 즐깁니다. 회사에서의 업무를 통해 새로운 기술과 지식을 배우는 것을 기대하고 있다. 감사한다.
```

이 샘플은 일반적인 자기소개서의 구조를 따르고 있다. 하지만 실제 자기소개서를 작성할 때는 자신의 경험과 역량 그리고 지원한 회사와 직무에 대한 이해를 반영하여 작성하는 것이 중요하다. 이를 통해 지원자가 해당 회사와 직무에 적합한지를 보여주는 것이 중요하다. 추가적인 질문이 있다면 언제든지 물어보도록 하라.

**🔁 새 토픽** **대학에서 배운 교과목과 졸업작품 및 아르바이트 등에 대한 내용을 추가해서 1,000자 이내로 다시 작성해줘.**

🔷 저는 컴퓨터 공학을 전공한 홍길동이다 대학에서는 교과목을 통해 프로그래밍 기초와 알고리즘에 대해 깊은 이해를 하게 되었습니다. 졸업작품으로는 팀원들과 함께 웹 애플리케이션을 개발하였고, 이를 통해 프
```

론트엔드와 백엔드 개발에 대한 실질적인 경험을 쌓았습니다. 또한, 아르바이트 경험을 통해 고객 서비스와 팀워크 능력을 향상시켰습니다. 저의 강점은 끈기와 성실함이다. 어려운 문제에 직면했을 때, 저는 포기하지 않고 문제를 해결하기 위해 노력한다. 저는 지원한 회사에서 제 역량을 최대한 발휘하여, 회사의 성장에 기여하고 싶습니다. 또한, 회사에서의 경험을 통해 전문적인 지식과 기술을 더욱 향상시키고 싶습니다.

【예제 9.5】Copilot을 이용해서 삼성전자에 제출할 자기소개서를 작성해 달라고 해서 내용을 검토하고, 추가적인 질문을 통해서 원하는 자기소개서로 수정한다.

Copilot

새 토픽 로봇자동화공학부에서 이론뿐만 아니라 실무 능력을 향상할 수 있는 능력을 개발했고, 특히 반도체 관련 이론 교과목을 배우고 실습을 통해 현장 적응력을 키웠다. 솔리드웍스를 통해 설계할 수 있고 아두이노, 라즈베리파이, C언어, 파이썬, LabVIEW, SCADA, PLC, 창의공학설계, 캡스톤디자인, 반도체기초, 반도체제조공정, 반도체실무, 반도체유지보수 등을 배우고 활용할 수 있다. 또한 토익은 700점, 오픽은 IM2의 성적을 받았고 현장 견학 및 현장 실습 경험이 있다. 이러한 내용을 중심으로 삼성전자에 제출할 자기소개서를 작성해줘

안녕하세요, 저는 로봇자동화공학부에서 학습한 지식과 실무 능력을 바탕으로 삼성전자에 지원하게 된 홍길동이다. 특히, 반도체 관련 이론 교과목을 배우고 실습을 통해 현장 적응력을 키웠습니다.

저는 솔리드웍스를 통해 설계할 수 있으며, 아두이노, 라즈베리파이, C언어, 파이썬, LabVIEW, SCADA, PLC 등 다양한 도구와 언어를 활용할

수 있다. 또한, 창의공학설계, 캡스톤디자인, 반도체기초, 반도체제조공
정, 반도체실무, 반도체유지보수 등의 과목을 통해 반도체 분야에 대한
깊은 이해를 가지게 되었습니다.

저의 언어 능력은 토익 700점, 오픽 IM2의 성적으로 입증되어 있다. 또
한, 현장 견학 및 현장 실습 경험을 통해 실제 업무 환경에서의 문제 해결
능력을 키웠습니다.

삼성전자에 입사하게 된다면, 제가 가진 이론적 지식과 실무 능력을 바탕
으로 회사의 성장에 기여할 수 있을 것이라고 확신한다. 또한, 삼성전자
에서의 경험을 통해 제 전문적인 지식과 기술을 더욱 향상시키고 싶습니
다. 감사한다.

🗨️ 새 토픽 **다음과 같은 삼성전자의 자기소개서 내용으로 다시 작성해줘.**

**1. 삼성 취업을 선택한 이유와 입사 후 회사에서 이루고 싶은 꿈을 기술
하십시오. (700자 이내)**

**2. 본인의 성장 과정을 간략히 기술하되 현재의 자신에게 가장 큰 영향
을 끼친 사건, 인물 등을 포함하여 기술하시기 바랍니다.**

**3. 최근 사회 이슈 중 중요하다고 생각되는 한 가지를 선택하고 이에 관
한 자신의 견해를 기술해 주시기 바랍니다. (1000자 이내)**

🔷 1. 삼성전자는 세계적인 기술 혁신을 주도하는 기업으로, 저의 전공
인 로봇자동화공학과 반도체 분야에 대한 지식과 실무 능력을 활용
하여 회사의 성장에 기여하고 싶습니다. 특히, 솔리드웍스, 아두이노,
라즈베리파이, C언어, 피이썬, LabVIEW, SCADA, PLC 등 다양한
도구와 언어를 활용한 경험을 바탕으로, 삼성전자의 반도체 사업부에
서 기여할 수 있을 것이라고 확신한다. 입사 후에는, 삼성전자의 첨단

기술을 활용하여 세계적인 반도체 기술 혁신을 주도하는 역할을 하고 싶습니다.

2. 저의 성장 과정 중 가장 큰 영향을 끼친 사건은 대학에서의 캡스톤디자인 프로젝트였습니다. 이 프로젝트를 통해 팀원들과 함께 문제를 해결하고, 실제 제품을 설계하고 제작하는 경험을 했습니다. 이 경험은 저에게 팀워크의 중요성과 실무적인 문제 해결 능력을 가르쳐 주었습니다.

3. 최근 사회 이슈 중 가장 중요하다고 생각되는 것은 인공지능의 발전과 그에 따른 사회적 영향이다. 인공지능은 우리의 일상생활부터 산업 분야까지 다양한 영역에서 사용되고 있다. 하지만 이러한 기술의 발전은 동시에 일자리 감소, 개인정보 침해 등의 문제를 야기할 수 있다. 따라서 인공지능의 발전과 동시에 이러한 문제를 해결하기 위한 방안을 마련하는 것이 중요하다고 생각한다.

【예제 9.6】 Copilot을 이용해서 삼성전자에 제출할 아래 항목으로 자기소개서를 작성해 달라고 해서 내용을 검토하고, 추가적인 질문을 통해 자기소개서로 수정한다.

  1. 성장 과정 및 학교생활 (한글 400자)
  2. 나의 장점(한글 200자)
  3. 나의 보완점 (한글 200자)
  4. 지원 동기 및 장래 포부 (한글 400자)
  5. 존경 인물과 존경 사유 (한글 65자)

Copilot

새 토픽 로봇자동화공학부에서 이론뿐만 아니라 실무 능력을 향상할 수 있는 능력을 개발했고, 특히 반도체 관련 이론 교과목을 배우고 실습을 통해 현장 적응력을 키웠다. 솔리드웍스를 통해 설계할 수 있고 아두이노, 라즈베리파이, C언어, 파이썬, LabVIEW, SCADA, PLC, 창의공학설계, 캡스톤디자인, 반도체기초, 반도체제조공정, 반도체실무, 반도체유지보수 등을 배우고 활용할 수 있다. 또한 토익은 700점, 오픽은 IM2의 성적을 받았고 현장 견학 및 현장 실습 경험이 있다. 다음과 같은 삼성전자의 자기소개서 내용으로 작성해줘.

1. 성장 과정 및 학교생활 (한글 400자)

2. 나의 장점(한글 200자)

3. 나의 보완점 (한글 200자)

4. 지원 동기 및 장래 포부 (한글 400자)

5. 존경 인물과 존경 사유 (한글 65자)

1. 저는 로봇자동화공학부에서 이론과 실무 능력을 향상시키며 성장했습니다. 특히, 반도체 관련 이론 교과목을 배우고 실습을 통해 현장 적응력을 키웠습니다. 솔리드웍스를 통해 설계하고 아두이노, 라즈베리파이, C언어, 파이썬, LabVIEW, SCADA, PLC 등을 활용한 다양한 프로젝트를 수행하였습니다.

2. 제 장점은 다양한 도구와 언어를 활용한 실무 능력과 현장 적응력이다. 이를 바탕으로 창의공학설계, 캡스톤디자인, 반도체기초, 반도체제조공정, 반도체실무, 반도체유지보수 등의 과목에서 우수한 성적을 거두었습니다.

3. 제 보완점은 팀워크이다. 혼자서 일을 처리하는 것에 익숙했지만, 팀

프로젝트를 통해 다른 사람들과 협력하는 중요성을 깨달았습니다. 이를 개선하기 위해 다양한 팀 활동에 참여하고 있다.

4. 삼성전자는 세계적인 기술 혁신을 주도하는 기업으로, 저의 전공인 로봇자동화공학과 반도체 분야에 대한 지식과 실무 능력을 활용하여 회사의 성장에 기여하고 싶습니다. 입사 후에는 삼성전자의 첨단 기술을 활용하여 세계적인 반도체 기술 혁신을 주도하는 역할을 하고 싶습니다.

5. 저는 삼성전자의 이재용 부회장을 존경한다. 그의 리더십과 혁신적인 사고방식은 삼성전자를 세계적인 기업으로 만드는 데 크게 기여하였습니다.

【실습과제 9.2】 각자가 원하는 회사에 제출할 자기소개서를 작성하라고 Copilot을 이용해서 결과를 얻고, 추가 질문을 통해서 각자 원하는 자기소개서로 수정하시오.

ChatGPT를 활용한 진로 탐색 및 면접

CHAPTER
10 ChatGPT를 활용한 진로 탐색 및 면접

10.1 대기업인가 아니면 중소기업인가?

대학을 졸업하고 어떤 규모의 무슨 직무를 하는 기업에 취업할까를 고민한다. 특히 대기업에 대한 환상만을 가지고 준비되지 않은 학생도 취업의 시기를 놓치는 경우가 많으므로 각자의 성격이나 태도, 학점, 어학 능력, 자격증, 현장 경험, 프로젝트 경험 등을 고려해서 2학년 초에 미리 방향을 결정하는 것이 원하는 진로를 선택할 수 있다.

대기업은 안정적인 근무 환경, 높은 연봉, 체계적인 교육 시스템, 그리고 브랜드 가치로 인한 이력서의 경쟁력이 장점이고, 업무의 경직성, 승진의 어려움, 큰 조직 내에서의 역할 제한 등이 단점이다. 반면에 중소기업은 다양한 업무를 경험하며 빠르게 성장할 수 있고, 의사결정 과정에 참여할 기회가 많다는 점이 장점이고, 상대적으로 낮은 연봉, 복지 혜택의 한계, 안정성이 더 낮을 수 있다는 점이 단점이다. 각자의 선택은 개인의 경력 목표, 업무 선호도, 생활 안정성에 대한 우선순위에 따라 최대한 빨리 결정하는 것이 매우 유리하다.

【예제 10.1】Copilot을 이용해 첨단 분야의 학과에서 공부하여 대학을 졸업하고 대기업과 중소기업 중 어느 곳을 취업할까를 고민하는 학생에게, 대기업을 취업했을 때와 중소기업을 취업했을 때의 장점 및 단점을 조사해 보자.

◆ Copilot

🔖 새 토픽 첨단 분야의 학과에서 공부하여 대학을 졸업하고 대기업과 중소기업 중 어느 곳을 취업할까 고민 중이다. 대기업을 취업했을 때와 중소기업을 취업했을 때의 장점 및 단점을 알려줘. 특히 근무 분야, 업무에 대한 만족도, 다양한 업무 정도, 연봉, 전망 등에 대해서 구체적으로 사례를 들어서 알려줘.

◆ 대기업과 중소기업에서 일하는 것은 각각 장단점이 있다.

1. 대기업에서 일할 때의 장점과 단점:
(1) 장점:
  - 복지: 대기업은 일반적으로 복지가 좋다. 복지몰, 어린이집, 출퇴근 셔틀버스, 자녀 학자금 지원 등 다양한 복지 혜택을 제공한다.
  - 연봉: 대기업의 초봉 평균은 4천만 원 중반인데 비해 중소기업 연봉은 잘 주면 3천 초반, 심하면 2천 중반에서 후반대도 많다.
 - 안정성: 대기업은 일반적으로 안정적인 직장 생활을 제공한다.
(2) 단점:
  - 업무 분야: 대기업에서는 폭 넓은 시야로 여러 업무를 접할 기회가 없다.
  - 업무 압박: 대기업에서는 업무 압박이 크고 스트레스가 많을 수 있다.
  - 승진 기회: 대기업에서는 승진 기회가 제한적일 수 있다.

2. 중소기업에서 일할 때의 장점과 단점:
(1) 장점:
  - 다양한 업무: 중소기업에서는 다양한 업무를 경험할 기회가 많다.
  - 빠른 승진: 중소기업에서는 승진 기회가 빨리 찾아올 수 있다.
  - 자유로운 분위기: 중소기업은 대기업보다 자유로운 분위기를 가질 수 있다.

(2) 단점:

– 연봉: 중소기업의 연봉은 대기업에 비해 낮다.

– 복지: 중소기업의 복지는 대기업에 비해 부족할 수 있다.

– 안정성: 중소기업은 대기업에 비해 안정성이 떨어질 수 있다.

이러한 장단점을 고려하여 자신의 성향과 장래 계획을 고려하여 결정하면 좋다. 대기업과 중소기업 모두에서 성공적인 경력을 쌓을 수 있다. 중요한 것은 어떤 환경에서 자신이 가장 잘할 수 있을지를 파악하는 것이다.

【실습과제 10.1】ChatGPT 또는 Copilot를 이용하여 각자가 원하는 분야와 기업의 유형(대기업, 중견기업, 강소기업, 중소기업, 벤처기업 등)을 선택하고 취업과 진로에 대한 질문을 통해 원하는 결과를 만들고 아래에 간략히 요약하시오.

ChatGPT

【예제 10.2】 Copilot을 이용해 대기업과 중소기업의 평균 연봉을 알아보자.

◆ Copilot

새 토픽 반도체 관련 대기업 및 중소기업에 입사하는 신입사원의 평균 연봉이 얼마인지 구체적인 사례를 찾아서 표로 정리해줘.

반도체 관련 대기업 및 중소기업에서 입사하는 신입사원의 평균 연봉에 대한 정보는 다음과 같다:

기업 유형	기업명	신입사원 평균 연봉
대기업	삼성전자	약 5,100만원 ~ 5,300만원
대기업	DB하이텍	최대 7,200만원
대기업	LX세미콘	약 4,100만원
중소기업	2024년 기준 평균	약 2,600만원 ~ 3,000만원

이 정보는 웹 검색 결과를 바탕으로 제공되었으며, 실제 연봉은 다양한 요인에 따라 달라질 수 있다. 이러한 요인에는 직급, 경력, 성과 등이 포함될 수 있다. 또한, 이 정보는 2024년의 데이터를 포함하고 있으므로, 최신 정보를 얻기 위해서는 해당 기업의 공식 웹사이트나 채용 공고를 참조하는 것이 좋다.

새 토픽 반도체 관련 대기업 및 중소기업의 평균 연봉이 얼마인지 구체적인 사례를 찾아서 표로 정리해줘.

반도체 관련 대기업 및 중소기업의 평균 연봉에 대한 정보는 다음과 같다:

기업 유형	기업명	평균 연봉
대기업	삼성전자	약 1억 3500 만원
대기업	세메스	약 1억 670 만원
중소기업	2022 년 기준 평균	약 2881 만원

이 정보는 웹 검색 결과를 바탕으로 제공되었으며, 실제 연봉은 다양한 요인에 따라 달라질 수 있다. 이러한 요인에는 직급, 경력, 성과 등이 포함될 수 있다. 또한, 이 정보는 2022년과 2024년의 데이터를 포함하고 있으므로, 최신 정보를 얻기 위해서는 해당 기업의 공식 웹사이트나 채용 공고를 참조하는 것이 좋다.

10.2 면접 준비 방법 및 실전 면접

삼성전자 반도체 부문에 지원하는 전문대학 졸업생이 입사지원서를 작성하고, GSAT를 준비하며, 면접을 준비하는 과정에서 주의해야 할 점들은 다음과 같다:

(1) 입사지원서 작성 시 주의할 점

- **직무에 대한 이해도 어필:** 해당 직무에 대한 인턴 경험, 수상 이력, 직업 훈련 등을 기입하는 것이 중요하다.
- **기업의 현재 상황 파악:** 지원하는 기업의 현재 상황, 문제점, 그 부문에서 어떻게 도움이 될 수 있는지를 작성하는 것이 좋다.

(2) GSAT 준비 방법

GSAT는 삼성그룹의 채용 과정 중 하나로, 수리 능력, 언어 이해력, 추리 능력, 공간 지각 능력 등을 평가하는 필기시험이다. 최근 몇 년간 변화된 내용으로는 온라인으로 시험을 치르는 방식이 도입되었다는 점과 일부 직무에 대해서는 직무적성검사의 비중이 조정되었다는 점이 있다.
- **GSAT 과목 이해:** GSAT는 수리논리와 추리 두 가지 영역으로 구성되어 있다. 수리 영역은 응용계산/자료해석으로, 추리 영역은 어휘추리/도식추리/도형추리/언어추리로 구성되어 있다.
- **문제 유형별 학습:** 각 문제 유형별로 설명을 자세히 확인하고, 유형에 맞게

대비를 해야 한다.

- **기출문제 연습:** GSAT의 기출문제를 통해 시험의 유형과 난이도를 파악하고, 시간 관리 능력을 향상시키는 것이 중요하다.
- **온라인 모의고사:** 최근 온라인으로 시험을 치르는 추세에 맞추어, 온라인 모의고사를 통해 실제 시험 환경을 경험해 보는 것이 도움이 된다.
- **수리 및 언어 능력 강화:** GSAT에서 중요하게 다뤄지는 수리 능력과 언어 이해력을 향상시키기 위한 공부가 필요하다.
- **추리 및 공간 지각 능력 향상:** 다양한 추리 문제와 공간 지각 문제를 풀어보며 이 능력을 키우라.
- **모의고사 활용:** 모의고사를 통해 실전 감각을 길러나가는 것이 중요하다.

전문대학을 졸업하거나 졸업 예정인 학생이 삼성그룹의 GSAT를 준비하기 위한 몇 가지 팁은 다음과 같다.

- **직무 관련 지식 습득:** 자신이 지원하는 직무와 관련된 전문 지식을 미리 학습하고 준비하는 것이 중요하다.
- **시간 관리 연습:** GSAT는 제한된 시간 내에 문제를 해결해야 하므로, 효율적인 시간 관리 방법을 연습해야 한다.
- **정기적인 리뷰와 분석:** 연습 과정에서 자신의 약점을 정기적으로 리뷰하고 분석하여, 개선 방안을 모색하라.
- GSAT 준비에 있어서 가장 중요한 것은 체계적인 계획 하에 꾸준히 준비하는 것이다. 또한, 삼성그룹의 다양한 사업 분야와 산업 동향에 대한 이해를 높이는 것도 취업 준비에 있어 큰 도움이 된다.

(3) 면접 준비 및 주의할 점

- **면접 분석 및 답변 구성:** 합격하는 면접 팁을 찾아보고, 삼성전자 면접을 분석하며 답변을 구성하는 것이 중요하다.
- **PT면접 준비:** 기출 PT 주제를 통한 실전 연습을 하면 좋다.
- **임원면접 모의면접:** 임원면접 기출문제를 통한 실전 모의면접을 준비하라.
- **창의성 면접 준비:** 창의성 면접 내용 구성법을 알아보고, 최종 모의 면접을 준비하라.
- **스터디 그룹 참여:** 취업 카페에서 스터디 그룹을 찾아 가입하거나, 직접 면접 스터디를 모집하는 것도 도움이 될 수 있다.

【실습과제 10.2】 Copilot을 이용해 각자가 원하는 회사와 직무에 대한 입사지원서 작성, 직무적성검사, 일반 면접 또는 직무(전공) 면접 등에 대해서 조사해서 간략히 정리하시오.

AI 면접과 기존 면접의 가이드

　AI 면접은 기술의 발전과 함께 채용 과정에 점점 더 많이 도입되고 있다. 이러한 면접 방식은 전통적인 대면 면접과는 여러 가지 면에서 차이가 있다. 이 교재에서는 AI 면접의 개념, 효율적인 대비 방법, AI 면접을 도입한 회사 사례, 그리고 기존 면접과 AI 면접의 차이점을 알아본다.

(1) AI 면접이란?

　AI 면접은 인공지능 기술을 활용하여 지원자의 언어, 목소리, 표정 등을 분석하는 면접 방식이다. 이를 통해 지원자의 역량, 성격, 그리고 문제 해결 능력 등을 평가한다.

(2) AI 면접 효율적 대비 방법

1. **기술적 준비:** AI 면접은 주로 온라인으로 진행되므로, 안정적인 인터넷 연결과 웹캠, 마이크가 필수적이다.
2. **몸짓과 표정 연습:** AI는 지원자의 비언어적 신호도 분석한다. 몸짓과 표정을 자연스럽게 하여 긍정적인 인상을 남긴다.
3. **모의 면접:** AI 면접 플랫폼이 제공하는 모의 면접을 활용하거나, 비슷한 환경을 만들어 연습한다.

(3) AI 면접 도입 회사 사례

- **LG CNS:** AI 면접 시스템을 도입해 지원자의 역량을 다각도로 평가한다. 이를 통해 더 공정하고 객관적인 채용 결정을 내린다.
- **SK텔레콤:** 인공지능과 빅데이터 기술을 활용해 지원자의 음성, 언어 분석을 통한 면접을 진행한다. 이를 통해 지원자의 성향과 역량을 평가한다.

(4) 기존 면접과 AI 면접의 특징 및 차이점

구분	기존 면접	AI 면접
평가 방식	면접관의 주관적 판단	데이터 기반 객관적 분석
평가 항목	경험, 태도, 지식 등	언어, 목소리 톤, 표정, 비언어적신호 등
면접 환경	대면 면접	온라인, 비대면
평가 시간	면접관의 시간에 따라 유동적	고정된 시간 내 자동 평가
결과 처리	수일 내외	즉시 또는 몇 시간 내

AI 면접은 객관적이고 공정한 평가를 가능하게 하며, 지원자의 다양한 비언어적 신호를 분석해 인사 담당자가 놓칠 수 있는 세부 사항까지 파악할 수 있다. 하지만 이러한 기술적 접근 방식은 지원자의 기술적 준비뿐만 아니라 비언어적 표현 능력에도 높은 요구를 한다. 따라서 AI 면접을 준비할 때는 이러한 요소들을 철저히 고려해야 한다.

11

ChatGPT
수업에서 바로 써먹는
컴퓨터 및 AI 활용

ChatGPT를
활용한 코딩

기초 문법부터 어려운 개념까지 많은 시간을 배워야만 했던 코딩을, 이제는 코딩을 전혀 몰라도 ChatGPT에 하드웨어 구성과 원하는 코딩 내용을 요청하면 원하는 코딩을 작성해 주므로, 세부적인 코딩은 직접 실행을 하면서 문제점이나 궁금한 점은 ChatGPT에 질문을 통해 하나씩 수정해 나갈 수 있다.

11.1 코딩 배우는 방법과 주요 전략

ChatGPT를 활용하여 다양한 문제를 해결하기 위해 코딩을 배우는 방법은 다음과 같다:

1. **기본 개념 이해:** 프로그래밍 언어의 기본 개념(변수, 데이터 타입, 조건문, 반복문 등)에 대해 질문하고 설명을 요청한다. 이를 통해 프로그래밍의 기초를 탄탄히 할 수 있다.
2. **언어 선택:** 자신이 관심 있는 분야(웹 개발, 앱 개발, 데이터 과학 등)에 적합한 프로그래밍 언어를 선택하는 데 도움을 요청한다. 예를 들어, Python, JavaScript, Java 등이 있다.
3. **실습 중심 학습:** ChatGPT에 간단한 프로그램 작성 방법을 물어보고, 제공

된 예시 코드를 직접 타이핑하고 실행해 본다. 실습을 통해 배운 내용을 실제로 적용해보는 것이 중요하다.

4. **문제 해결 연습:** 프로그래밍 문제를 해결하는 연습을 한다. ChatGPT에 특정 문제를 해결하는 방법을 물어보고, 다양한 접근 방식과 알고리즘에 대해 배운다.

5. **디버깅:** 코드에서 발생한 오류를 ChatGPT에 보여주고 해결책을 물어본다. 오류 메시지를 해석하고 문제를 해결하는 방법을 배운다.

6. **프로젝트 기반 학습:** 실제로 사용할 수 있는 소규모 프로젝트를 시작한다. 프로젝트를 진행하면서 발생하는 질문이나 문제를 ChatGPT에 상담한다.

7. **최신 기술 동향 파악:** 새로운 프로그래밍 언어 기능, 프레임워크, 라이브러리 등 최신 기술 동향에 대해 질문하여 지식을 확장한다.

8. **피드백과 수정:** 작성한 코드에 대해 피드백을 받고, 그에 따라 코드를 개선하는 방법을 배운다.

ChatGPT를 이용한 코딩 학습은 자기 주도적으로 꾸준히 연습하고, 다양한 자료를 찾아보며, 실제 프로젝트에 적용해보는 과정에서 더욱 효과적이다. ChatGPT를 활용하여 코딩하는 방법에는 몇 가지 주요 전략이 있다. 효과적으로 활용하기 위해서는 다음의 점들을 고려한다:

- **명확한 질문 형식:** 코딩 문제나 목표를 명확하게 정의하고 질문한다. 구체적인 질문은 ChatGPT가 더 정확하고 유용한 답변을 제공하는 데 도움이 된다.
- **작은 단위로 분할:** 복잡한 코딩 문제는 작은 단위로 나누어 접근한다. 각 단위에 대한 질문을 하면서 점진적으로 해결 방법을 찾아간다.
- **코드 예시 요청:** 특정 기능이나 알고리즘을 구현하는 방법에 대해 ChatGPT

에 코드 예시를 요청한다. 이를 통해 다양한 코딩 패턴과 접근 방법을 배울 수 있다.

- **디버깅 도움 요청:** 코드에 오류가 있는 경우, 해당 코드와 오류 메시지를 함께 제공하며 문제 해결 방법을 질문한다. ChatGPT는 오류의 가능한 원인과 수정 제안을 제공할 수 있다.
- **최신 기술 정보 업데이트:** 새로운 프로그래밍 기능이나 프레임워크, 라이브러리에 대한 정보를 요청한다. 이를 통해 최신 기술 동향을 파악하고 학습할 수 있다.
- **코딩 스타일 및 베스트 프랙티스 학습:** 좋은 코딩 습관, 코드 최적화 방법, 베스트 프랙티스에 대해 질문하며 코딩 능력을 향상시킨다.

효과적으로 코딩을 하기 위해서는 ChatGPT와의 상호작용을 통해 새로운 지식을 습득하고, 실제 코딩 프로젝트에 적용해 보는 실습이 중요하다. 또한, 다양한 코딩 문제를 해결하면서 얻은 경험을 바탕으로 자신만의 해결 전략을 개발해 나간다.

11.2 ChatGPT를 활용한 라인트레이싱 코딩

라인을 읽는 색상 센서를 이용하여 라인을 벗어나지 않도록 양 바퀴의 모터를 조절하여 라인을 따라가는 로봇의 코드를 작성해 보자. ChatGPT를 활용하여 라인트레이싱 코딩을 준비하는 과정은 다음과 같이 진행할 수 있다:

1. **라인트레이싱 기본 이해:** 라인트레이싱 로봇이 무엇인지, 어떻게 작동하는지 기본 개념을 이해한다. 라인트레이싱 로봇은 일반적으로 바닥에 그려진 선을 따라 이동하는 로봇을 말하며, 센서를 사용해 선을 감지하고, 프로그램된 명령에 따라 움직인다.

2. **필요한 장비 파악:** 라인트레이싱 로봇을 구성하는 주요 장비에는 모터, 센서(주로 적외선 센서), 마이크로컨트롤러(예: 아두이노) 등이 있다. 각 장비의 역할과 연결 방법을 이해한다.

3. **센서 데이터 읽기:** 센서로부터 데이터를 읽어들이는 방법을 배운다. 센서가 라인을 감지했는지 여부를 판단하기 위한 코드를 작성한다.

4. **모터 제어:** 모터를 제어하는 코드를 작성하여 로봇이 전진, 후진, 좌회전, 우회전을 할 수 있게 한다. 속도 제어 방법도 배운다.

5. **알고리즘 구현:** 라인을 따라 이동하기 위한 알고리즘을 구현한다. 가장 기본적인 알고리즘은 센서가 라인을 감지했을 때 어떻게 반응할지를 정의하는 것이다. 예를 들어, 왼쪽 센서가 라인을 감지하면 오른쪽으로 조금 회전하는 식이다.

6. **코드 최적화 및 테스트:** 작성한 코드를 로봇에 업로드하고 실제로 테스트한다. 로봇이 원하는 대로 라인을 따라 이동하는지 확인하고, 문제가 발생하면 코드를 수정하고 최적화한다.

7. **실제 적용 및 피드백:** 로봇을 다양한 라인트레이싱 트랙에서 테스트하고, 성능을 개선하기 위한 피드백을 반영한다.

라인트레이싱 로봇 코딩에 대한 구체적인 코드 예시나 더 상세한 설명이 필요하면, 관련 질문을 구체적으로 제시하여 추가적인 도움을 받을 수 있다.

【예제 11.1】 코딩을 전혀 모르는 학생이 ChatGPT를 이용하여 라인을 따라가는
양 바퀴와 연결된 두 개의 모터를 아두이노가 제어하는 코딩을 작성하시오.

원하는 예를 알려주면 원하는 답을 얻을 수 있다.

---

⑤ ChatGPT

✊🏻 라인을 따라가는 양 바퀴와 연결된 두 개의 모터를 아두이노가 제어
하는 코딩을 작성해줘.

⑤ 라인을 따라 이동하는 양 바퀴 로봇을 아두이노로 제어하기 위한 기
본적인 코드 예제를 제공한다. 이 예제에서는 간단하게 두 개의 적외선
센서를 사용하여 라인을 감지하고, 두 개의 모터를 제어하여 로봇이 라
인을 따라 이동하게 한다. 실제 구현 시에는 로봇의 설계, 사용하는 센서
의 종류와 위치, 그리고 세부적인 동작 조건에 따라 코드를 수정해야 할
수 있다.

```
#include 〈AFMotor.h〉 // 아두이노 모터 쉴드 라이브러리
// 모터 설정
AF_DCMotor motorLeft(1); // 왼쪽 모터를 모터 쉴드의 M1에 연결
AF_DCMotor motorRight(2); // 오른쪽 모터를 모터 쉴드의 M2에 연결
// 센서 핀 설정
const int sensorLeftPin = A0; // 왼쪽 센서 핀
const int sensorRightPin = A1; // 오른쪽 센서 핀

void setup() {
  // 센서 핀을 입력으로 설정
  pinMode(sensorLeftPin, INPUT);
```

```
  pinMode(sensorRightPin, INPUT);
}


void loop() {
  // 센서로부터 데이터 읽기
  int sensorLeft = analogRead(sensorLeftPin);
  int sensorRight = analogRead(sensorRightPin);


  // 라인 감지 로직
  if(sensorLeft < 500 && sensorRight < 500) { // 양쪽 센서가 라인 위
                                                에 있을 때

    // 전진
    motorLeft.setSpeed(255); // 최대 속도
    motorRight.setSpeed(255); // 최대 속도
    motorLeft.run(FORWARD);
    motorRight.run(FORWARD);
  } else if(sensorLeft < 500) { // 왼쪽 센서만 라인 위에 있을 때
    // 오른쪽으로 회전

    motorLeft.setSpeed(255);
    motorRight.setSpeed(0);
    motorLeft.run(FORWARD);
    motorRight.run(RELEASE);
  } else if(sensorRight < 500) { // 오른쪽 센서만 라인 위에 있을 때
    // 왼쪽으로 회전
    motorLeft.setSpeed(0);
```

```
    motorRight.setSpeed(255);
    motorLeft.run(RELEASE);
    motorRight.run(FORWARD);
  } else {
    // 정지
    motorLeft.run(RELEASE);
    motorRight.run(RELEASE);
  }
}
```

이 코드는 센서가 감지하는 값에 따라 모터의 속도를 조절하여 로봇이 라인을 따라 이동하도록 설계되었다. AFMotor 라이브러리는 아두이노 모터 쉴드를 사용하는 경우에 필요하며, 다른 모터 드라이버를 사용하는 경우 해당 드라이버에 맞는 코드로 수정이 필요하다. 또한, analogRead 함수를 사용해 센서 값을 읽고 있으며, 센서와 라인의 색상에 따라 감지 값의 범위를 조정해야 할 수도 있다.

【예제 11.2】 코딩을 모르지만, ChatGPT를 이용하여 라인을 따라가는 양 바퀴와 연결된 두 개의 모터를 라즈베리파이가 제어하는 파이썬 코딩을 작성하고 수정하시오.

🌀 ChatGPT

🖐 아두이노와 라즈베리파이의 차이를 알려줘. 각각에 어떤 코딩을 해야 해.

🌀 아두이노와 라즈베리파이는 모두 DIY 프로젝트, 교육, 하드웨어 프로토타이핑에 널리 사용되는 플랫폼이지만 기능과 용도에서 상당한 차이가 있다.

1. 아두이노

아두이노는 마이크로컨트롤러 기반의 오픈 소스 하드웨어 플랫폼이다. 주로 간단한 반복 작업이나 센서 데이터 수집, 모터 제어 같은 하드웨어 중심의 작업에 사용된다. 프로그래밍은 주로 C/C++를 사용하며, 아두이노 IDE를 통해 코드를 작성하고 업로드한다.

아두이노에 적합한 프로젝트:
- 센서 데이터 읽기 및 처리
- LED 조명 제어
- 모터 제어를 통한 간단한 로봇 제작
- 환경 모니터링 시스템

2. 라즈베리파이

라즈베리파이는 싱글 보드 컴퓨터(SBC)로, 보다 복잡한 컴퓨팅 작업과 멀티태스킹이 가능하다. 운영 체제(OS)를 실행할 수 있으며, Linux 기반의 Raspbian을 주로 사용한다. 프로그래밍 언어로는 Python, Java, C++, JavaScript 등 다양한 언어를 지원한다. 라즈베리파이는 네트워킹, 멀티미디어 처리, 웹 서버 구동 등 더 복잡한 컴퓨팅 작업에 적합하다.

라즈베리파이에 적합한 프로젝트:
- 웹 서버나 개인 서버 구축
- 홈 오토메이션 시스템
- 멀티미디어 센터
- IoT 프로젝트에서의 데이터 처리 및 분석
- AI 및 머신 러닝 프로젝트

아두이노: 하드웨어 중심의 프로젝트나 간단한 전자 프로젝트에 적합하며, 빠른 프로토타이핑과 간단한 장치 제어에 최적화되어 있다.

라즈베리파이: 보다 복잡한 컴퓨팅 작업이 필요한 프로젝트에 적합하며, 멀티태스킹, 네트워킹, 고급 데이터 처리가 필요한 경우 사용한다.

각각의 플랫폼은 자신의 장점을 가지고 있으며, 프로젝트의 요구 사항에 따라 적절한 선택이 중요하다. 때로는 아두이노와 라즈베리파이를 함께 사용하여 프로젝트의 다양한 요구를 충족시키기도 한다.

ChatGPT 교재 작성에 메시지를 작성하세요…

ChatGPT는 실수를 할 수 있습니다. 중요한 정보는 확인해 주세요.

👋 **라즈베리파이를 이용하여 라인 감지 센서 2개와 양쪽 바퀴에 연결된 2개의 모터를 이용하는 구체적인 방법을 알려줘.**

⑤ 라인을 따라 이동하는 양 바퀴 로봇을 아두이노로 제어하기 위한 기본적인 코드 예제를 제공한다. 이 예제에서는 간단하게 두 개의 적외선 센서를 사용하여 라인을 감지하고, 두 개의 모터를 제어하여 로봇이 라인을 따라 이동하게 한다. 실제 구현 시에는 로봇의 설계, 사용하는 센서의 종류와 위치, 그리고 세부적인 동작 조건에 따라 코드를 수정해야 할 수 있다.

```
#include <AFMotor.h> // 아두이노 모터 쉴드 라이브러리
// 모터 설정
AF_DCMotor motorLeft(1); // 왼쪽 모터를 모터 쉴드의 M1에 연결
AF_DCMotor motorRight(2); // 오른쪽 모터를 모터 쉴드의 M2에 연결

// 센서 핀 설정
const int sensorLeftPin = A0; // 왼쪽 센서 핀
const int sensorRightPin = A1; // 오른쪽 센서 핀
```

```
void setup() {
  // 센서 핀을 입력으로 설정
  pinMode(sensorLeftPin, INPUT);
  pinMode(sensorRightPin, INPUT);
}

void loop() {
  // 센서로부터 데이터 읽기
  int sensorLeft = analogRead(sensorLeftPin);
  int sensorRight = analogRead(sensorRightPin);

  // 라인 감지 로직
  if(sensorLeft < 500 && sensorRight < 500) { // 양쪽 센서가 라인 위
                                              // 에 있을 때

    // 전진
    motorLeft.setSpeed(255); // 최대 속도
    motorRight.setSpeed(255); // 최대 속도
    motorLeft.run(FORWARD);
    motorRight.run(FORWARD);
  } else if(sensorLeft < 500) { // 왼쪽 센서만 라인 위에 있을 때
    // 오른쪽으로 회전
    motorLeft.setSpeed(255);
    motorRight.setSpeed(0);
    motorLeft.run(FORWARD);
    motorRight.run(RELEASE);
  } else if(sensorRight < 500) { // 오른쪽 센서만 라인 위에 있을 때
```

```
    // 왼쪽으로 회전
    motorLeft.setSpeed(0);
    motorRight.setSpeed(255);
    motorLeft.run(RELEASE);
    motorRight.run(FORWARD);
  } else {
    // 정지
    motorLeft.run(RELEASE);
    motorRight.run(RELEASE);
  }
}
```

이 코드는 센서가 감지하는 값에 따라 모터의 속도를 조절하여 로봇이 라인을 따라 이동하도록 설계되었다. AFMotor 라이브러리는 아두이노 모터 쉴드를 사용하는 경우에 필요하며, 다른 모터 드라이버를 사용하는 경우 해당 드라이버에 맞는 코드로 수정이 필요하다. 또한, analogRead 함수를 사용해 센서 값을 읽고 있으며, 센서와 라인의 색상에 따라 감지 값의 범위를 조정해야 할 수도 있다.

【예제 11.3】 ChatGPT를 이용하여 라인을 따라가는 양 바퀴와 연결된 두 개의 모터를 아두이노 또는 라즈베리파이가 제어하는 파이썬 코딩을 작성하자.

ChatGPT

라즈베리파이를 이용하여 라인감지 센서 2개와 양쪽 바퀴에 연결된 2개의 모터를 이용하는 구체적인 방법을 알려줘.

라인트레이싱 로봇을 라즈베리파이와 파이썬을 사용하여 제어하는 예제 코드를 제공합니다. 이 예제에서는 GPIO를 사용하여 두 개의 DC 모터를 제어하고, 두 개의 적외선 센서를 통해 라인을 감지합니다. 실제 구현에 앞서 필요한 라이브러리(RPi.GPIO) 설치와 GPIO 핀 할당, 그리고 센서와 모터 연결 설정이 필요합니다.

```python
import RPi.GPIO as GPIO
import time

# GPIO 모드 설정
GPIO.setmode(GPIO.BCM)

# 모터 핀 설정
motorLeftForward = 20
motorLeftBackward = 21
motorRightForward = 19
motorRightBackward = 26

# 센서 핀 설정
sensorLeft = 16
sensorRight = 18

# GPIO 핀 설정
GPIO.setup(motorLeftForward, GPIO.OUT)
GPIO.setup(motorLeftBackward, GPIO.OUT)
GPIO.setup(motorRightForward, GPIO.OUT)
```

```python
GPIO.setup(motorRightBackward, GPIO.OUT)
GPIO.setup(sensorLeft, GPIO.IN)
GPIO.setup(sensorRight, GPIO.IN)

# 모터 제어 함수
def motorStop():
    GPIO.output(motorLeftForward, False)
    GPIO.output(motorLeftBackward, False)
    GPIO.output(motorRightForward, False)
    GPIO.output(motorRightBackward, False)

def motorForward():
    GPIO.output(motorLeftForward, True)
    GPIO.output(motorLeftBackward, False)
    GPIO.output(motorRightForward, True)
    GPIO.output(motorRightBackward, False)

def motorLeft():
    GPIO.output(motorLeftForward, False)
    GPIO.output(motorLeftBackward, True)
    GPIO.output(motorRightForward, True)
    GPIO.output(motorRightBackward, False)

def motorRight():
    GPIO.output(motorLeftForward, True)
    GPIO.output(motorLeftBackward, False)
    GPIO.output(motorRightForward, False)
```

```
        GPIO.output(motorRightBackward, True)

try:
    while True:
        # 센서 입력 읽기
        leftSensor = GPIO.input(sensorLeft)
        rightSensor = GPIO.input(sensorRight)

        # 라인 감지 로직
        if leftSensor == 1 and rightSensor == 1:
            motorForward()
        elif leftSensor == 1 and rightSensor == 0:
            motorRight()
        elif leftSensor == 0 and rightSensor == 1:
            motorLeft()
        else:
            motorStop()
except KeyboardInterrupt:
    GPIO.cleanup()
```
"""

이 코드는 라인을 따라 이동하기 위한 기본적인 로직을 구현하고 있습니다. 실제 환경에서 사용하기 위해서는 센서의 감지 방식, 모터의 속도 조절, 그리고 로봇의 이동 경로에 따라 코드를 조정해야 할 수 있습니다. 또한, RPi.GPIO 라이브러리의 사용을 위해 라즈베리파이에 해당 라이브러리가 설치되어 있어야 합니다.

11.3 ChatGPT를 활용한 인공지능 코딩

　　라즈베리파이를 이용한 라인감지 센서와 모터를 활용하는 프로젝트에서 인공지능(AI)을 적용할 수 있는 방법은 여러 가지가 있습니다. AI를 통해 로봇의 센서 데이터 처리, 의사결정, 경로 최적화 등을 개선할 수 있으며, 로봇이 보다 복잡한 환경에서도 효과적으로 작동하게 할 수 있습니다. 다음은 구체적인 적용 예시입니다.

1. 머신러닝을 이용한 센서 데이터 처리

- **목적:** 머신러닝 모델을 사용하여 센서 데이터에서 노이즈를 제거하고, 정확한 라인 감지를 위한 패턴을 학습한다.
- **방법:** 여러 환경에서 센서 데이터를 수집하여 라벨링하고, 이를 기반으로 분류 모델(예: 결정 트리, SVM)을 훈련시킨다. 모델은 라인 위에 있거나 없을 때의 센서 데이터 패턴을 학습하여 실시간으로 센서 입력을 분류한다.

2. 신경망을 이용한 경로 결정

- **목적:** 인공 신경망을 사용하여 다양한 센서 입력에 대한 로봇의 최적의 움직임을 결정한다.
- **방법:** 로봇이 직면할 수 있는 다양한 상황(예: 직진, 코너, 교차로 등)을 시뮬레이션하여 데이터를 생성하고, 이 데이터로 신경망을 훈련시킨다. 훈련된 모델은 실시간 센서 입력에 기반하여 모터의 속도와 방향을 결정한다.

3. 강화학습을 이용한 자율 학습

- **목적:** 강화학습을 통해 로봇 스스로 최적의 라인 트래킹 전략을 학습하게 한다.

- **방법:** 로봇이 라인을 따라 이동하면서 성공적인 트래킹에 대해 보상을 받고, 라인을 이탈할 경우 패널티를 받는 학습 환경을 구성한다. 시간이 지남에 따라 로봇은 보상을 최대화하는 행동(속도 조절, 방향 전환)을 학습한다.

4. 컴퓨터 비전을 이용한 라인 인식

- **목적:** 컴퓨터 비전 기술을 사용하여 라즈베리파이 카메라로부터 받은 이미지 데이터 내에서 라인을 인식하고 추적한다.
- **방법:** OpenCV와 같은 컴퓨터 비전 라이브러리를 사용하여 이미지 내에서 라인의 패턴을 인식하는 알고리즘을 구현한다. 이를 통해 라인의 형태와 위치를 정확히 파악하고 로봇의 움직임을 조정한다.

이러한 방법들을 통해 로봇은 단순한 알고리즘 이상의 복잡한 환경에서도 효과적으로 라인을 따라 이동할 수 있게 되며, 다양한 장애물을 회피하고, 더 정교한 경로를 계획할 수 있게 된다. 인공지능 기술의 적용은 로봇의 성능을 크게 향상시킬 수 있으나, 이를 위해서는 충분한 데이터 수집, 모델 훈련, 그리고 실제 환경에서의 테스트가 필요하다.

【예제 11.4】 ChatGPT를 이용하여 "머신러닝을 이용한 센서 데이터 처리"에 대한 내용을 참고해서 인공지능 코딩을 만들어 보자.

> **⑤ ChatGPT**
>
> 👋 **"머신러닝을 이용한 센서 데이터 처리"에 대한 내용을 참고해서 인공지능 코딩을 만들어줘.**
>
> ⑤ 인공지능을 활용하여 센서 데이터를 처리하는 예제를 만들기 위해서는 먼저 센서 데이터를 수집하고, 이를 기반으로 머신러닝 모델을 학습시

켜야 합니다. 여기서는 간단한 분류 모델을 사용하여 라인 감지 센서 데이터를 '라인 위에 있음'과 '라인 위에 없음'으로 분류하는 기본적인 예시를 제공합니다. 이 예제는 파이썬과 Scikit-learn 라이브러리를 사용합니다.

1. 데이터 수집: 라즈베리파이와 연결된 라인 감지 센서로부터 데이터를 수집한다. 이 데이터는 센서가 라인을 감지했을 때와 감지하지 못했을 때의 값을 포함해야 한다. 데이터는 [센서값1, 센서값2, 라벨]의 형태로 저장된다. 여기서 '라벨'은 센서가 라인 위에 있는지(1) 또는 없는지(0)를 나타낸다.
2. 데이터 전처리: 수집된 데이터를 학습에 적합한 형태로 전처리한다. 필요한 경우, 데이터를 정규화하거나 표준화할 수 있다.
3. 모델 학습: Scikit-learn을 사용하여 데이터로부터 모델을 학습시킨다. 여기서는 간단한 로지스틱 회귀 모델을 사용한다.
4. 모델 평가: 학습된 모델의 성능을 평가한다. 데이터를 학습 세트와 테스트 세트로 분리하여 교차 검증을 수행할 수 있다.
5. 모델 사용: 학습된 모델을 사용하여 실시간 센서 데이터를 분류하고, 이를 기반으로 로봇의 동작을 결정한다.

```python
# python Copy code
from sklearn.model_selection import train_test_split
from sklearn.linear_model import LogisticRegression
from sklearn.metrics import accuracy_score
import numpy as np

# 예시 데이터 (센서값1, 센서값2, 라벨)
data = np.array([
```

```python
    [520, 510, 1],
    [480, 470, 0],
    # 추가 데이터...
])
X = data[:, :2]  # 센서값
y = data[:, 2]  # 라벨

# 데이터 분할
X_train, X_test, y_train, y_test = train_test_split(X, y, test_size=0.2,
random_state=42)

# 모델 학습
model = LogisticRegression()
model.fit(X_train, y_train)

# 모델 평가
predictions = model.predict(X_test)
print("Accuracy:", accuracy_score(y_test, predictions))

# 실제 센서값으로 예측
real_time_sensor_data = np.array([[500, 490]])
prediction = model.predict(real_time_sensor_data)
if prediction == 1:
    print("라인 위에 있음")
else:
    print("라인 위에 없음")
```

> 이 예제 코드는 라인 감지 센서 데이터를 사용하여 머신러닝 모델을 학습, 평가, 적용하는 과정을 보여 준다. 실제 프로젝트에서는 데이터의 양과 질, 모델의 복잡도, 성능 요구 사항 등을 고려하여 더 적합한 모델과 알고리즘을 선택해야 한다.

지금까지는 코딩을 모르는 사용자가 ChatGPT에 원하는 코딩을 요청해서 얻은 간단한 코딩이다. 이후에는 직접 아두이노 또는 라즈베리파이에서 센서와 모터를 조절하도록 하드웨어를 준비해서 코딩을 실행하면서 추가적인 작업이나 모르는 내용을 질문해서 해결하기를 바란다.

【실습과제 11.1】 ChatGPT를 이용하여 자율 주행하는 미니 자동차가 장애물을 피하여 안전하게 운전할 수 있도록 인공지능 코딩을 만들어 보자.

⑤ ChatGPT

자율 주행하는 미니 자동차에 라이다 센서와 초음파 센서를 이용하여 장애물을 피하여 안전하게 운전할 수 있는 인공지능 코딩을 자세한 코멘트를 넣어서 만들어줘.

⑤

ChatGPT
수업에서 바로 써먹는
컴퓨터 및 AI 활용

구글 Geminio
소개 및 사용 방법

구글은 차세대 모델로 기존의 바드를 제미나이(Gemini)로 바꾸고 엄청난 성능이라며 발표하였는데, 다른 GPT와 얼마나 다르며 장점이 있는지 알아보고 활용하는 사례를 들어보자.

Gemini 1.5는 구글의 차세대 AI 모델로, 다양한 모달리티에서 긴 문맥 이해 역량과 더욱 향상된 성능을 제공한다. 이 모델은 기존의 Gemini 1.0 Pro에 비해 동시에 정보를 처리할 수 있는 능력이 크게 향상되었으며, 긴 문맥을 이해하는 역량이 뛰어나다는 것이 특징이다. 향후 기본 12만 8,000개의 토큰 콘텍스트 윈도우와 함께 제공될 예정이며, 모델 개발 상황에 따라 100만 토큰까지 제공하는 다양한 구매 옵션을 공개할 예정이다. 구글이 최근에 발표한 내용을 간략히 정리하면 다음과 같다. 참고로, 이 정보는 2024년 2월 16일에 발표된 정보로, 현재의 상황과 다를 수 있다.

(1) 주요 특징

- **성능 향상:** Gemini 1.5 Pro는 기존 Gemini 1.0 Pro 대비 87% 더 우수한 성능을 보였다.
- **긴 문맥 이해:** Gemini 1.5는 모델이 처리할 수 있는 정보의 양을 극대화하여 최대 100만 토큰을 연속 실행을 가능케 했다.

- **효율적인 아키텍처:** Gemini 1.5는 Transformer 및 Mixture-of-Experts (MoE) 아키텍처의 선도적인 연구를 기반으로 구축되었다.

(2) 활용 분야

- Gemini 1.5는 일상생활에서는 물론, 업무 효율성을 향상시키는 데에도 큰 도움을 준다. 단한 질문에서부터 복잡한 문제 해결에 이르기까지, Gemini 1.5는 사용자의 다양한 요구에 응답할 수 있다.

12.1 │ 구글의 AI 혁신: Gemini 1.5

순다 피차이, 구글 및 알파벳의 CEO는 구글이 성능이 뛰어난 모델인 제미나이 1.5 울트라를 출시하며 AI 분야에서 중요한 진전을 이루었다고 밝히며 보내온 이메일을 요약하면 다음과 같다.

데미스 하사비스, 구글 딥마인드 CEO는 인공지능(AI) 기술의 발전이 수십억 명의 삶에 영향을 미칠 잠재력을 갖고 있음을 강조한다. 구글은 제미나이 1.0의 출시 이후 모델의 역량을 강화하기 위해 끊임없이 노력해 왔다. 최근에는 차세대 모델인 제미나이 1.5를 공개했다. 이 모델은 파운데이션 모델 개발과 인프라의 혁신을 바탕으로 큰 성능 개선을 이루었다.

제미나이 1.5의 첫 모델인 제미나이 1.5 프로는 다양한 작업에 걸쳐 확장이 최적화되어 있으며, 구글 역대 최대 모델인 제미나이 1.0 울트라와 비슷한 수준의 성능을 발휘한다. 이 모델은 특히 긴 문맥을 이해할 수 있는 능력이 뛰어나며, 최대 100만 개의 토큰을 처리할 수 있다.

제미나이 1.5는 효율적인 Mixture-of-Experts(MoE) 아키텍처를 기반으로 구축되었다. 이 아키텍처는 주어진 입력 유형에 따라 신경망에서 가장 관련성이 높은 전문 영역 경로를 선택적으로 활성화하는 방법을 학습한다. 이 전문화 기술은 모델의 효율성을 크게 향상시킨다.

구글은 AI 원칙과 엄격한 안전성 정책에 따라 제미나이 모델에 대한 포괄적인 윤리성 및 안전성 테스트를 수행한다. 이를 통해 AI 시스템을 지속적으로 개선하고 있다. 제미나이 1.5 프로의 프리뷰 버전은 초기에 제한된 그룹의 개발자 및 기업 고객을 대상으로 제공되며, 향후 다양한 구매 옵션을 통해 더 넓은 범위로 확장될 예정이다.

이러한 발전은 AI를 사용하여 새로운 것을 창작하고 발견할 수 있는 새로운 가능성을 열어 준다. 제미나이 1.5 프로는 구글의 AI 스튜디오와 버텍스AI를 통해 개발자와 기업 고객에게 제공되며, 이를 통해 사용자들은 더욱 향상된 AI 기능을 경험할 수 있다.

(1) 제미나이 가입 및 검색

구글 제미나이 홈페이지를 방문하여 구글 아이디로 로그인하면 다음과 같은 화면이 나타난다. (https://gemini.google.com/app)

무엇을 도와드릴까요?

경제 관련 개념　　　제품 설명　　　커리어 분야　　　여행 일정

Gemini 앱을 지원하는 기술을 개선하기 위해 검토자가 대화를 처리합니다. 검토 또는 사용 대상이 되기를 원하지 않는 내용은 입력하지 마세요.

작동 방식　　　닫기

여기에 프롬프트 입력

Gemini가 인물 등에 관한 부정확한 정보를 표시할 수 있으므로 대답을 한 번 더 확인하세요. 개인 정보 보호 및 Gemini 앱

(2) 제미나이 특징에 대한 질문 및 답변

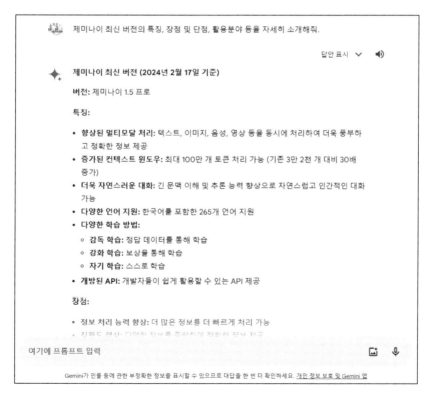

여기에 프롬프트 입력

Gemini가 인물 등에 관한 부정확한 정보를 표시할 수 있으므로 대답을 한 번 더 확인하세요. 개인 정보 보호 및 Gemini 앱

제미나이 1.5 프로 버전(2024년 2월 17일 기준)이 스스로 답변한 특징과 장단점 및 활용 분야를 간략히 정리한다.

1. 특징:

- **향상된 멀티모달 처리**: 텍스트, 이미지, 음성, 영상 등을 동시에 처리하여 더욱 풍부하고 정확한 정보 제공
- **증가된 콘텍스트 윈도우**: 최대 100만 개 토큰 처리 가능(기존 3만 2,000개 대비 30배 증가)
- **더욱 자연스러운 대화**: 긴 문맥 이해 및 추론 능력 향상으로 자연스럽고 인간적인 대화 가능
- 다양한 언어 지원: 한국어를 포함한 265개 언어 지원
- 다양한 학습 방법:
- 감독 학습: 정답 데이터를 통해 학습
- 강화 학습: 보상을 통해 학습
- 자기 학습: 스스로 학습
- 개방된 API: 개발자들이 쉽게 활용할 수 있는 API 제공

2. 장점:

- 정보 처리 능력 향상: 더 많은 정보를 더 빠르게 처리 가능
- 정확도 향상: 다양한 정보를 종합하여 정확한 정보 제공
- 창의성 향상: 새로운 정보 및 아이디어 생성 가능
- 생산성 향상: 업무 자동화 및 효율성 증대
- 접근성 향상: 다양한 언어 지원 및 API 제공

3. 단점:
   - **높은 컴퓨팅 자원 필요:** 최신 버전은 고성능 컴퓨팅 자원 필요
   - **편향 가능성:** 학습 데이터에 따라 편향된 결과 생성 가능
   - **윤리적 문제:** 가짜뉴스, 딥페이크 등 악용 가능성
   - **높은 비용:** 기업 및 개발자들이 사용하기에는 비용 부담

4. 활용 분야:
   - **검색:** 더욱 정확하고 빠른 검색 결과 제공
   - **번역:** 더욱 자연스럽고 정확한 번역 제공
   - **챗봇:** 인간적인 대화 가능한 챗봇 개발
   - **콘텐츠 제작:** 뉴스 기사, 소설, 시나리오 등 다양한 콘텐츠 제작
   - **코드 생성:** 자동 코드 생성 및 검토
   - **의료:** 질병 진단 및 치료 과정 지원
   - **교육:** 개인 맞춤형 학습 자료 제공
   - **엔터테인먼트:** 게임, 영화, 음악 등 엔터테인먼트 콘텐츠 제작

제미나이 1.5 프로는 아직 개발 초기 단계이지만, 다양한 분야에서 혁신을 가져올 잠재력을 지닌 첨단 기술이다. 향후 더 많은 데이터와 학습을 통해 성능이 더욱 향상될 것으로 기대된다.

【예제 12.1】 Gemini를 이용하여 사용자 입력 두 수로 사칙연산 파이썬 코딩을 만들어 보자.

✦ Gemini

👆 사용자가 입력한 두 수를 이용하해 사칙연산하는 파이썬 코딩을 작성해줘.

✦ 사용자 입력 두 수를 이용한 사칙연산 파이썬 코딩

1. Python

```python
def calc(num1, num2, op):
  """
  사용자 입력 두 수를 이용하여 사칙연산을 수행하는 함수
  Args:
      num1 (int): 첫 번째 숫자
      num2 (int): 두 번째 숫자
      op (str): 연산자 (+, -, *, /)
  Returns:
      int: 계산 결과
  """
  if op == "+":
    return num1 + num2
  elif op == "-":
    return num1 - num2
  elif op == "*":
    return num1 * num2
  elif op == "/":
    return num1 / num2
  else:
    raise ValueError("잘못된 연산자입니다.")
```

```
# 사용자로부터 두 수와 연산자 입력 받기
num1 = int(input("첫 번째 숫자를 입력하세요: "))
num2 = int(input("두 번째 숫자를 입력하세요: "))
op = input("연산자를 입력하세요: ")

# 계산 결과 출력
result = calc(num1, num2, op)
print(f"{num1} {op} {num2} = {result}")
```

2. 사용 예시:
첫 번째 숫자를 입력하세요: 10
두 번째 숫자를 입력하세요: 5
연산자를 입력하세요: +
10 + 5 = 15

3. 설명:
- calc() 함수는 두 수와 연산자를 받아 사칙연산을 수행하고 결과를 반환한다.
- if문을 사용하여 연산자에 따라 적절한 계산을 수행한다.
- ValueError 예외를 사용해 잘못된 연산자가 입력되면 오류를 출력한다.
- 사용자로부터 입력 받은 두 수와 연산자를 calc() 함수에 전달하여 계산 결과를 출력한다.

4. 참고:
- 이 코드는 기본적인 사칙연산만 수행한다.
- 더 복잡한 연산을 수행하려면 코드를 수정해야 한다.

5. 출처 1. https://github.com/emmahemus/prefix_infix_calc

12.2 ChatGPT, MS Copilot, 구글 Gemini의 비교

【예제 12.2】 ChatGPT 1.5와 MS Copilot Pro와 구글 Gemini 1.5 Pro의 최신 버전을 대상으로 각각의 특징을 알아보고, 이 셋의 성능과 기능 등을 자세히 비교해 보자.

> ✦ Gemini
>
> 👋 ChatGPT 4와 MS Copilot Pro와 Gemini 1.5 Pro의 최신 버전을 대상으로 각각의 특징을 알려주고 이 셋의 성능과 기능 등을 자세히 비교해서 표로 알려줘.
>
> ✦ ChatGPT 4, MS Copilot Pro, Gemini 1.5 Pro 비교 분석: 2023년 12월 기준
>
> ### 1. 모델 특징 비교
>
> | 모델 | 주요 특징 | 장점 | 단점 |
> |---|---|---|---|
> | ChatGPT 4 | 대화형 AI, 유창한 텍스트 생성, 개선된 사실 오류 검증 | 자연스러운 대화, 다양한 텍스트 형식 생성, 사실 오류 감소 | 창의성 부족, 특정 기능 제한 |
> | MS Copilot Pro | 코딩 보조 AI, 자동 코드 완성 및 제안, 코드 리뷰 | 코딩 효율성 향상, 생산성 증대, 코드 리뷰 기능 제공 | Python, JavaScript 등 특정 언어에 최적화 |
> | Gemini 1.5 Pro | 다목적 AI, 텍스트 생성, 번역, 코드 생성, 개선된 창의성 | 다양한 기능, 높은 정확도, 향상된 창의성 | 초기 단계, 기능 확장 필요 |
>
> ### 2. 성능 및 기능 비교
>
> | 기능 | ChatGPT 4 | MS Copilot Pro | Gemini 1.5 Pro |
> |---|---|---|---|
> | 텍스트 생성 | ○ | × | ○ |
> | 번역 | ○ | × | ○ |
> | 코딩 | × | ○ | ○ |
> | 코드 완성 | × | ○ | ○ |
> | 코드 제안 | × | ○ | ○ |
> | 질문 답변 | ○ | × | ○ |

창작 활동	○	×	○
사실 오류	감소	낮음	낮음
창의성	향상	높음	높음
언어 지원	다양한 언어	Python, JavaScript 등	다양한 언어
사용자 인터페이스	웹 기반	VS Code 확장	웹 기반
가격	무료 (베타), 유료	유료	유료

3. 각 모델 선택 가이드

• ChatGPT 4: 자연스러운 대화를 원하거나 다양한 텍스트 형식을 생성하고 싶은 경우, 사실 오류에 대한 개선된 검증이 필요한 경우

• MS Copilot Pro: Python, JavaScript 등의 코딩을 보조하고 싶고, 코드 리뷰 기능도 필요한 경우

• Gemini 1.5 Pro: 텍스트 생성, 번역, 코딩 등 다양한 기능을 높은 정확도로 사용하고 싶고, 창의적인 작업도 수행하고 싶은 경우

4. 추가 정보

• 본 비교 분석은 2023년 12월 기준이며, 모델의 기능 및 성능은 지속적으로 업데이트될 수 있습니다.

• 각 모델의 최신 정보는 공식 웹사이트에서 확인할 수 있습니다.

• 사용자의 특정 요구 사항에 따라 적합한 모델은 다를 수 있습니다.

5. 참고 자료

• ChatGPT 4: https://chatgpt.com/

• MS Copilot Pro: [유효하지 않은 URL 삭제됨]

• Gemini 1.5 Pro: https://gemini.ai/

6. 기타 질문

본 비교 분석과 관련하여 추가적인 질문이 있으면 언제든지 질문해 주세요.

7. 개선 사항:

- ChatGPT 4의 사실 오류 검증 개선 기능 추가
- 각 모델의 장점 및 단점을 보다 명확하게 설명
- 각 모델의 선택 가이드를 보다 구체적으로 제시

8. 참고:

- ChatGPT 4와 Gemini 1.5 Pro는 아직 개발 초기 단계이며, 기능 및 성능은 향후 더욱 발전할 것으로 예상됩니다.

참고 자료

1. H. Larsen, Matthew, "The Mysterious AI Upgrade," Independently Published, 2024.

2. 김상윤, "ChatGPT로 시작하는 대화형 인공지능 활용법," 에이콘출판사, 2023.

3. 김준성, 유원준, 안상준, "진짜 챗GPT 활용법," 위키북스, 2023.

4. 오창근, 장윤제, "AI가 바꾸는 학교수업 챗GPT 교육 활용," 성안당, 2023.

5. "ChatGPT를 이용한 문헌 작성 설계 및 이슈," 한국지식정보기술학회 논문지, V.18, N.1, pp.31-40, 20231

6. 이경탁, "구글 AI '제미나이' 사람보다 똑똑한 비결은 '연속 추론'... 오픈AI, GPT-4.5 조기 출격 가능성" 조선비즈, 2023.

7. 동양미래대학교: https://www.dongyang.ac.kr

8. ChatGPT: https://openai.com/chatgpt

9. MS Copilot: https://copilot.microsoft.com/

10. Gemini: https://gemini.google.com/app/

11. https://www.google.com/

12. https://www.microsoft.com/

13. https://www.naver.com/

14. https://www.samsung.com/semiconductor/

ChatGPT

챗GPT
수업에서 바로 써먹는 컴퓨터 및 AI 활용

| 2024년 | 2월 21일 | 1판 | 1쇄 | 인 쇄 |
| 2024년 | 2월 29일 | 1판 | 1쇄 | 발 행 |

지 은 이 : 황 우 현, 전 다 윗, 전 다 희

펴 낸 이 : 박   정   태

펴 낸 곳 : **광   문   각**

10881
파주시 파주출판문화도시 광인사길 161
광문각 B/D 4층
등   록 : 2022. 9. 2 제2022-000102호
전 화(代) : 031-955-8787
팩   스 : 031-955-3730
E- mail : kwangmk7@chanmall.net
홈페이지 : www.kwangmoonkag.co.kr

ISBN : 978-89-7093-008-4   93000

값 : 17,000원

※ 교재와 관련된 자료는 광문각 홈페이지
  자료실(www.kwangmoonkag.co.kr)에서
  다운로드 할 수 있습니다.`

한국과학기술출판협회
Korean Science & Technology Publisher Association